水浒十讲

李庆西 —— 著

文汇出版社

图书在版编目（CIP）数据

水浒十讲 / 李庆西著. —上海：文汇出版社，2020.8
 ISBN 978-7-5496-3263-3

Ⅰ.①水… Ⅱ.①李… Ⅲ.①《水浒》研究 Ⅳ.
①I207.412

中国版本图书馆 CIP 数据核字（2020）第 122535 号

水浒十讲

作　　者 / 李庆西

《书城》杂志出品
策　划　人 / 含梅阁
责任编辑 / 周伯军　陈今夫
策划编辑 / 齐晓鸽
营销编辑 / 钱　斌

装帧设计 / 张志全
图片编辑 / 达　醴

出版发行 / 文匯出版社
　　　　　 上海市威海路 755 号
　　　　　 （邮政编码 200041）
经　　销 / 全国新华书店
排　　版 / 南京展望文化发展有限公司
印刷装订 / 上海中华商务联合印刷有限公司
版　　次 / 2020 年 8 月第 1 版
印　　次 / 2023 年 3 月第 3 次印刷
开　　本 / 889×1194　1/32
字　　数 / 175 千字
印　　张 / 10.25

ISBN 978-7-5496-3263-3
定　　价 / 78.00 元

目 录

001　　别有洞天的小说史著（陈平原序）
009　　前　记

001　　第一讲　"礼失求诸野"的救赎之义
029　　第二讲　"小水浒"与"大水浒"
055　　第三讲　从山林到廊庙
079　　第四讲　牢狱与江湖
107　　第五讲　宋江上山
135　　第六讲　李逵下山
155　　第七讲　《水浒传》的妇人话题
179　　第八讲　水浒地理学
201　　第九讲　若干人物、署置及其他故事
245　　第十讲　水浒食笺

267　　附　录　《水浒传》主题思维方法辨略

别有洞天的小说史著
——《水浒十讲》序

应邀为老朋友李庆西的新作《水浒十讲》撰写序言，对我来说，可是战战兢兢。为什么？从二十世纪八十年代加盟《全国大学生毕业论文选编》、"新人文论"丛书、"学术小品"丛书，到最近十几年为《书城》杂志写稿，李庆西都是我的责任编辑。我深知这位朋辈阅读趣味广泛，不受潮流左右，且横跨文坛与学界，眼光很刁，评价苛刻。我给稿子时，都会加上一句："可用可不用，尊重你的判断。"这回轮到我当评判，既不能"打击报复"，也不便"高抬贵手"，得向他学习，秉持公心才是。可要做到这一点，须对他的论题有足够深入的了解——恰好在这一点上，我没有把握。

在外人看来，既然是中国文学教授，你谈《水浒传》应是举手之劳。殊不知，正因为是经典，研究著作汗牛充栋，反而让人不敢随便开口。像李庆西一样，我也是小时候特别喜欢读《水浒传》（当然也是按金圣叹节本整理的七十一回本），山村插队时，春节期间给乡亲们"讲古"，说的正是梁山好汉故事。成为中文系教授后，因撰写《千古文人侠客梦》和《中国散文小说史》，对此多少有所涉猎。不过，真正下功夫是在二〇〇三年初春，为准备参加五月耶鲁大学会议，我正撰写《图像如何阐释小说——以〈水浒传〉为中心》。明万历（1573—1620）至清顺治（1644—1661）年间，章回小说《水浒传》曾广泛流通。在众多传世的版本中，不乏兼及图像与评点者，更有所谓"回各有图，括画家之妙染；图各为论，搜翰苑之大乘"（熊飞《刊刻英雄传缘起》）。此前学界对此复杂的版本演变过程，多从追本溯源的角度立论，清理繁简两大系统，争执二者孰先孰后。至于文学批评史家，则对托名李贽的序跋或金圣叹的评点感兴趣，希望由此建立"中国古典小说美学"。拙文拟另辟蹊径，注重的是章回小说在传播过程中新的意义的生成，故选择八种晚明清初出现的兼有图像与评点的《水浒传》，探索同一故事在接受过程中的变异、转移与增殖。论文准备从文学史而非美术史的角度处理图像资料，将其与评点、序跋等文学批评相对照，发掘图文之间潜在的对话，以及可能存在的极大缝隙。很可惜，SARS突然爆发，举国上下忙于应对，美国方面通知我不用与会了，论文于是束之高阁。多年后重读文章大纲，对自己那半途而废的研究工作深感遗憾。

正因有此特殊阅历，我对庆西兄的书稿不算太陌生。可还是几次拿起又放下，直到临近出版，不能再拖了——没想到，刚动笔又碰上了触目惊心的"新冠肺炎"。猛然间想起，《水浒传》的楔子正是"张天师祈禳瘟疫，洪太尉误走妖魔"。看来，谈《水浒传》这个话题，可真不轻松。

好在庆西兄别有慧心，居然将如此沉甸甸的话题，写成了一册轻松活泼而又暗藏机锋的著作。十多年前，我撰《小说史学的形成与新变》（《现代中国》第五辑，湖北教育出版社，2004年12月），提及百年中国学术，在文学研究领域里进展最为神速、成绩最为突出的，当推小说研究。此领域为何充满活力，就因为耕耘于此的，不仅有学院中人，更包括很多跨界的爱好者：

> 在小说研究领域里，不仅有专治此学的专家，更有许多"黑马"——后者自有主张，毫不理会原先的研究阵势与理论预设，随意发言，神出鬼没。在所有的学术领域里，最容易遭受"突袭"的，莫过于小说。你可以说谁是小说史专家，但不能说谁不是研究小说的——不管他的身份是经济学家还是法学家，你最好都不要下这一结论。就像政治学家萨孟武撰《水浒与中国社会》《西游记与中国政治》《红楼梦与中国旧家庭》二书，虽谦称"不是'太太式'的，而是'姨太

太'式"的写法（参见萨孟武《水浒与中国社会·自序》，见《红楼梦与中国旧家庭·水浒与中国社会·西游记与中国政治》，岳麓书社1998年），你也不得不承认其别有洞天。正是这种任谁都敢插嘴，因而显得有些乱哄哄的局面，使得小说研究充满生机与活力。各路英雄纷纷登场，不管是专业的还是"爱美的"（amateur），谁都想表演一下自家拳脚，小说研究园地于是一片繁荣景象。

这种"别有洞天"的小说史著，如今又添了一部，那就是庆西兄的《水浒十讲》。

说庆西兄"非专业"，只是相对于当下中国日益严峻的专业壁垒——任何一个稍为像样的话题，都挤满了亟待发表论著的博士及教授。这与三十多年前庆西兄在《文学评论》上发表《〈水浒传〉主题思维方法辨略》的状态已截然不同。就连我这样长期在大学中文系教书但不做明清小说研究的，若谈论《水浒传》，也都被视为"业余作者"。

是否"专业"，单看引文及注释，当即可以判定。庆西兄除了偶尔引一点鲁迅、胡适、郑振铎、胡士莹，基本不与当下学界对话。不查中国知网，不引最新论著，如果写博士论文，这肯定会被挑剔。可作为作家兼评论家，庆西兄凭借丰富的文学经验，撇开众多二传手，直接与原著搏击,更能呈现自家立场及趣味。这让我想起北大中文系吴组缃、林庚两位老前辈,他们是小说家或诗人,谈《红楼梦》或唐诗时,更多凭艺术直觉,也不怎么引经据典。读多了教授们四平八稳、重床叠架的学术著作,再看这些作家兼学者直指人心的论述,顿觉神清气爽。后者虽有偏见,但多启迪——在我看来,这比连篇累牍的征引与转述更难能可贵,尤其是在专业化已成潮流的今天。

要说论著的贡献,有的讲究知识积累,有的追求人生智慧。宗旨不同,路径自然有异。《水浒十讲》也会讲讲版本演进与历史溯源,如谈论宋江形象及水浒食笺时,特别辨析元剧水浒戏与日后小说定本的差异,但这明显不是作者用力的方向。此书最大价值,还是在对小说主旨的辨析。

作者对《水浒传》的解读,从"文革"后期的政治寓言,到改革开放初期的主题探寻,再到近年"努力从文本本身去理解作品的叙事意图",几十年的"水浒阅读史",照作者自述,乃"是一个正反合过程"。在作者看来,书中重建伦理秩序的救赎之义至关重要:"梁山泊的公平与正义诉求,不但具有反抗的目标,亦是试图将江湖道义链接儒家仁义忠恕的政治伦理,进而融入和改造王权体制。"宋江的政治抱负只能在体制内去实现,招安原本就是题中应有之义,因此,对于他及其诸多同道来说,上山就是为了下山。这一点并不难领悟,问题在于,如何将梁山英雄之标榜"替天行道",与历代儒家的提倡"大道为公"相缝合,使得体制内外的变革可以互相勾连?

自胡适揭出三国、水浒等章回小说历史演进的进程,谁都明白,谈论此类几百年间演进而成的名著,如何弥合不同来源的文本,乃成败的关键。庆西兄认定并努力掘发"小说家整合之前水浒叙事的妙旨,以及缘自太史公那种以江湖融合庙堂的叙史立场",这点很具创见。因为,明清以降,表扬《水浒传》者,多喜欢将其比附《史记》;但他们所谈论的太史公笔法,其实是叙事技巧(我也不能免俗);而庆西兄希望揭示的,则是江湖融合庙堂的必要性与可能性。关键在于,王权体制之外,是否还能有应世之道?司马迁表彰"任侠"与"养士",有意无意都是在挑战王权的大一统,这一点与《水浒传》那种"八方共域,异姓一家"的乌托邦想象,存在某种内在联系。身处礼崩乐坏的时代,儒生的死谏与游侠的反叛,同样是为了恢复传统的纲常礼教,故全都"只反贪官不反皇帝"。

明明是"强盗讲给强盗听的故事"(借用孙述宇的说法),偏要从中读出儒生的理想社会设计,不仅仅因水浒故事本就来源复杂,主题具有多义性,更因作为读者的李庆西,"在许多无聊的夜晚,我重新翻开《水浒传》,又看见许多杀戮,许多血和许多泪,徒生许多无奈的感慨……"

说白了，这不是纯粹的古典小说研究，其中包含了作者对中国政治及中国社会的观察与思考。这才能理解，为何一部谈《水浒传》的著作会引述洛克的光荣革命或霍布斯的政治设计——这些岔开去的笔墨，表面看有点突兀，可这正是作者思考问题的重要支点。

谈论救赎的题旨，隐约可见作者的社会关怀，难怪李庆西说六十岁后重读《水浒传》别有体会。"作为想象的产物，这般叙事不啻礼失求诸野的沙盘推演。从山林到廊庙，宋江所想的不是彼可代之，而是一厢情愿要成为国家之栋梁，并以升级版的江湖道义改写儒家的礼治精义。建构这样一种理想，自有知其不可而为之的悲剧意概。"阅读至此，不知你我是否废书长叹，像庆西兄那样思接千古。在第一讲《"礼失求诸野"的救赎之义》中，有这么一段："其实，《水浒传》也是一部极富社会学研究价值的中国作品。五百年来它流行于人稠地广而灾难深重的汉语文化圈，以羼杂着传奇、史诗与悲剧意味的英雄话语教化民众，给一个精神失落的民族带来了自我救赎的慰藉。"思考"自我救赎"的合理性与可能性，而不是《水浒传》这部小说的文学价值，我相信乃作者撰写此书的内在动力。

以上关于"救赎"的思考，放在古典小说《水浒传》的视野里，可以意会，但很难敲定，这就难怪《水浒十讲》采用的是随笔体，且都曾在《读书》《书城》等非专业性杂志发表。作者毕竟出版过《人间笔记》《不二法门》《大风歌》等小说集，会写文章自然不在话下。但我想提醒读者注意的是，在文化史视角及文章笔墨背后，蕴藏着作者对于中国历史及现实的深入思考。

陈平原

二〇二〇年一月三十一日于京西圆明园花园

前　记

"太尉要你三更死，岂能留你到五更！"小时候玩"民兵捉贼"游戏，哼着这词儿跟对方叫板，感觉煞是威风，那是京剧《野猪林》董超薛霸的两句二黄摇板。顽童们的游戏代入了英雄主义，又偏生喜欢模仿坏人。

悖谬与歧义无处不在，就像金圣叹腰斩《水浒传》，便是让"强盗"做成了英雄。

回想此生阅读经历，《水浒传》是我触手的第一部经典作品，记得是小学四五年级，大约一九六一年前后。那是七郎八虎闯幽州和打鬼子除汉奸古今英雄叙事并存的年代。

最初读的正是按金圣叹节本（贯华堂本）整理的七十一回本，说到梁山泊排座次就结束了。这个版本如今已不为人重视，但以前胡适、刘半农他们都颇为赞赏，直至二十世纪五六十年代仍是最常见的本子。据说是因为其文字洗练，大致囊括了梁山泊故事的精华部分（这都没错，但缺了招安以后的故事，总归单薄）。不过，那年头金本还大行其道,绝非胡适影响力所致(那时胡适在大陆早已被批臭),倒是全社会崇尚英雄主义的风气使然——金圣叹不肯让"强盗"从良,不让梁山泊替朝廷去攘外安内,只让人看到他们的豪迈与抗争,自然就非常契合强调斗争的革命话语。

有趣的是,被认为是"反动文人"的金圣叹,倒是提供了《水浒传》的一种革命文本。胡适早年做水浒研究,认为金圣叹是误解了《水浒传》的用意。可见,对于这部小说的误读是由来已久。

多年以后,我才读到《水浒传》另外两种重要本子,即百回本和百二十回本。那是一九七五年,全国上下都在评论水浒,由"批林批孔"延续而来的又一场运动。因为要批判《水浒传》的"投降主义",一些出版社重印了以前发行不广的百二十回《水浒全传》(杨定见序本,又称袁无涯本),还重新影印了百回本《忠义水浒传》(容与堂本)。那时我已作为知青在北大荒务农多年,虽说身处边陲荒陬,农场读书人圈子里各种版本《水浒传》却是不胫而走。

青春痴梦消失于畎亩之间,此际已稍能体会书中的世事苍凉。看到结尾宋江、卢俊义死于御赐毒酒,便是生出莫名的慨叹。一个故事可以有不同的结局,亦让我心生诧异,却也只能嘀咕:为什么要舍弃无羁无束的江湖人生去皈依朝廷？梁山泊招安以后的"征四寇"部分并不精彩，但看到武松凄然出家，鲁智深闻潮而寂，直是深感悲切。当然，其时读者大多未有自己个人见解，大家只能按照上头的宣传口径去理解宋江如何搞修正主义。什么主义都是台面上的说辞，那年头有书看就好。奇怪的是，即便在"四人帮"严密管控之下，报纸上的言论口径并不完全一致，被作为政治隐喻的《水浒传》实际上发出混乱的信号，譬如谁是宋江（投降派），人们不能不生出各种猜想。在某报理论版面上，我曾读到一篇有趣的文章，大谈宋江处心积虑打通李师师枕上关节以达圣听，其中影射意味不言而喻。

特殊年代，《水浒传》之泛政治性阅读，自有其特殊政治背景，不是吾等庶民所能细究。但从另一方面来说，小说自身的伦理思路带有明显的寓言特点，那种想象的江湖与庙堂的政治关系，建构了一个颇为复杂的主题，亦足以提供某些隐喻性话语，让人产生投射于现实政治的奇思异想。这些，当然只是后来才意识到的。我是后知后觉，后来终以文学为业，又几度重读《水浒传》，则是努力从文本本身去理解作品的叙事意图。这几十年的水浒阅读史，在我个人，亦是一个正反合过程。

《水浒传》究竟是怎样一部书？历来言人人殊，歧义迭出。鲁迅《中国小说史略》将之列入"讲史小说",其实并不妥切。梁山泊一百零八人仅宋江一人见于史书,整个故事与北宋末年实际事况关系不大,只是附会历史风俗的纯虚构作品。郑振铎早年称之"英雄传奇",应该说是相当准确的命名(《水浒传的演化》,收入《中国文学论集》,开明书店1934年版)。但是到了一九五四年,郑先生为人民文学出版社《水浒全传》撰写序言,却用了"农民起义"的说法。二十世纪五十年代以后,文学研究者普遍接受主流意识形态的阶级斗争学说,《水浒传》即被认为是一部描写农民武装斗争的小说,更有"农民起义教科书"之称。

诚然,林冲、杨志、武松一类人物带着冤情与愤恨上山落草,为《水浒传》定下了反抗的基调,梁山泊的形成和发展贯穿着跟官军的周旋与对抗,更显示出英雄史诗的气质。然而,由此联系到历史上的农民起义,就像是指鹿为马,似是而非,终究不是,因为这部小说根本不涉及农民的生存与诉求。

对于这个"起义说"的来由,我未做过具体考究,但这种误读却引起我对《水浒传》探究的兴趣。

二十世纪八十年代最初那几年,除了细读文本,搜集和阅读水浒研究的各种资料也成了有趣的消遣,由是逐渐形成自己的一些看法。断断续续,用时三年之久写成《〈水浒传〉主题思维方法辨略》一文,发表在《文学评论》（1986 年第 3 期）。当时，学术界对"起义说"已有质疑，有人相应提出另一种主题归纳，即"市民说"，以为《水浒传》旨在表达具有商品经济头脑的市民之心声。这种替代方案同样不能令人信服。我在文章里分析"起义说"之虚妄，也批评了"市民说"的牵强之论。由农民换作市民，依然是基于阶级斗争学说的"反映论"套路。对于《水浒传》的文本诠释，一些从事古典小说研究的专业学者习惯采用一种简单实用的关联性思路，也就是"古为今用"。

我意识到，这部小说既非"讲史"，究其根本亦非"写实"，而是借江湖叙事演绎儒家政治伦理之弊，在纲纪崩坏的背景中，赋以浪漫化之悲剧想象，推演一种不成功的王道复兴之路。在那篇文章里，我着重阐述了宋江和梁山众人的两难境地：造反既是作为忠诚于王权的表述，其本身又难以摆脱叛逆罪名。结果造反与忠君形成互为因果的悖谬命题，宋江们（主要是庄院主和军官胥吏）的挣扎与进取是一个悲剧主题的发展过程，小说借此揭示了儒教伦理意识和政治生活中无可疗救的矛盾。

梁山泊的招安是《水浒传》引起争议的另一个大问题，我在关于造反与忠君的辨述中已经包含对这个问题的基本看法，但文章里对这一路径转变未做具体讨论，可见当时尚未有更完整清晰的认识。

关于招安，可以引出许多话题。譬如，如果真将《水浒传》做成一部纯粹反政府武装斗争的江湖史诗，在文网严密的明清两代，它是否还能被大量翻刻和传播？招安的变调遮蔽了某些颠覆性话语，这似乎是出于规避禁忌的叙事策略。时隔多年之后，我写了《重读〈水浒传〉札记》一文，其中提到这个问题。然而，问题不仅于此，宋江的政治抱负只能在体制内去实现，招安原本就是题中应有之义。

二十年以后重读《水浒传》，我逐渐认识到，书中重建伦理秩序的救赎之义至关重要。梁山泊的公平与正义诉求，不但具有反抗的目标，亦是试图将江湖道义链接儒家仁义忠恕的政治伦理，进而融入和改造王权体制。所以，我后来提出"小水浒"与"大水浒"的命题（第二讲《"小水浒"与"大水浒"》），即由此揭出小说家整合之前水浒叙事的妙旨，以及缘自太史公那种以江湖融合庙堂的叙史立场。

按照"替天行道"的主题发展逻辑，必然会有一个"去邪归正"而重建礼治之道的转折，这就是以招安为标志的融入体制的过程。我在第三讲《从山林到廊庙》里着重指出：小说家设置这样一套匡正纲纪的解决方案，尽管在当日儒学危机的语境中也算是相当出格，但至少具有道义上的合法性。小说将儒家先圣建构的"大同"理想做了具体化描述，亦显示了非凡的乌托邦想象。当然，这种更大的诉求只是小说家的理想化设计，而终竟埋下悲剧的根子。董超、薛霸在野猪林要取林冲性命时，有鲁智深的禅杖飞将而来；可是最后太尉要宋江去死，却再也没有翻盘的力量了，他只能引颈受戮。这个结局充满令人窒息的气氛，亦发人深省。《水浒传》是将高俅一班佞臣作为国家机器的化身，并将赵宋王朝礼崩乐坏的根子归咎于此，但反过来说，正是这种纲纪废弛的局面使得梁山泊的礼治之道带来救赎的希望，其中不乏"礼失求诸野"的意思。

所以，这就构成了《水浒传》的正反合之题：反抗，妥协，救赎。

宋江的"替天行道"体现了一种百折不挠的进取精神，但书中又明显带出虚融淡泊的退隐之意。罗真人和智真长老相继出场，以法语偈语暗示功名事业毕竟大限有终，其实人生或有另一种选择。终于，公孙胜告身归山，李俊飘逝而去，燕青更不知所终。或许在某种意义上，撇除俗念也是救赎。

然而，世外之人亦在尘寰之中。作为职业道人的公孙胜，一出场竟是奔着"一套富贵"来撞筹。罗真人、智真长老既是世事洞明，自非超然于世。小说征辽后回师途中，燕青遇上故友许贯忠，那位在大伾山中结庐而居的隐士却在操心世间的纷争，赠予燕青的手卷竟是三晋山川城池关隘之图，后来征讨田虎时此图果真派上了用处。

进退出处，二律背反，此中的叙事话语往往让人不逮其意。比起林冲的绝地反抗，宋江的救赎更接近于从根子上解决问题，可是重建礼治之道的理想偏偏被证明为无根之木。

这是一个摆荡的江湖。种种话语纠缠见证了人心摆荡。

一部主题复杂的伟大作品总是存在多种解读乃或误读的可能。想起韦恩·布斯在《小说修辞学》里关于"伟大文学的不纯性"和"作者道德判断的晦涩"的说法，《水浒传》被作为农民或是市民文学，革命或是投降文学，入世或是厌世的文学，也都不奇怪了。如同有什么样的观众就有什么样的哈姆雷特，被读者和评论家塑造的宋江早已四处奔窜。

林冲手刃仇家，武松血溅鸳鸯楼，还有黄泥岗和孟州道上的营生……那些快意恩仇的杀戮和黑吃黑的劫掠注定要被植入狂悖的想象，即便善恶兼容的人性底色也总是非黑即白。最具有讽刺意味的是，宋江的招安竟是两头找死。尽管书里让梁山泊皈依朝廷，明、清两朝却难以摆脱被禁毁的命运，在官方看来宋江总归是凶逆。但反过来，在革命家和革命的文学家眼里，宋江又成了统治阶级的帮凶。

所有这些缪辂与困惑一直萦绕于心。作为文学形象的宋江固然不那么讨人喜欢，但是那种"苦逼"人生却是牺牲的良知，看上去这种牺牲毫无价值。但也不能说毫无价值。

牢狱和流徙是《水浒传》里常有的关目，用以喻示网罗森严的王权统治。数年前，作《牢狱与江湖》（本书第四讲）一文，梳理和归纳《水浒传》的司法叙事，恍然发现，究其根本，江湖亦是牢狱（牢城）。梁山泊与其认为是自由之境，毋宁说是一处扃闭的乌托邦，某种意义上有如福柯所称"全景敞视"（panopticon）的监狱。山寨作为自我放逐的存在，对应着小说一再描述的牢城——沧州（林冲）、孟州（武松）、江州（宋江）、陕州（王庆），本质上同样是与世俗社会隔绝的活动空间。

有些细处不能忽视，小说里写宋江元宵赏灯竟有三次（清风寨、大名府、东京），眼前民丰物阜的景象不啻王道秩序和规训机制的肌理与织体，绝对是一种诱惑性呈现。从杀惜后的流亡开始，宋江内心就有一种重返社会的躁动。如同"市民说"论者所强调，《水浒传》确实不乏描述市井繁盛的笔墨，但世俗社会的生活之景并不生成市民阶层的权利意识，这里只是对应着江湖社会之扃闭，映衬着局外人的悲凉。

细心的读者应该注意到，小说将宋江上山之途写得十分曲折，而李逵下山的活动又是如此频数。一者意味着某种理性认识，一者则非理性地凭感觉行事；一者深知上山的责任太重，一者觉得下山方得自由。这个自由／扃闭的命题，也是一个充满悖谬的伪命题。我在《宋江上山》和《李逵下山》两篇人物论中扼述宋、李二人行为轨迹，亦是揭示山寨之困境。所谓"上山"和"下山"，都是水浒叙事的大关目，综而观之，其中贯穿着一条自我否定的路径。在有些时候，否定自有救赎之义。

儿时读《水浒传》的情形尚在眼前，恍惚之间已过去半个多世纪。年轻时读这部小说，除了热血偾张的打打杀杀，除了令人扼腕的悲剧结尾，不再琢磨别的。六十岁以后重读此书，方知尚有更多内涵，讨论的思路亦稍稍拓宽。收拾这十年来关于水浒的文字，总共十个题目，故编为《水浒十讲》。其中题为《若干人物、署置及其他故事》（第九讲）一篇，系两篇札记缀合，涉及人名、地名、称谓、署置、制度诸事。还有一篇《水浒食笺》（第十讲），着眼于饮食名物辨证。小说既然附会于北宋末年的历史背景，此中亦可印证水浒叙事某些演化痕迹。

写《水浒地理学》（第八讲）一篇，原本是想辨析小说叙述中地理方位及州府之名诸多舛误（其实这并不重要），后来意识到书中某些地理设置颇有意趣，对照谭其骧《中国历史地图集》（第六册），以梁山泊—东京为轴心的十字坐标竟赫然在目。梁山泊的地理位置尤其值得注意。史称"宋江三十六人横行齐魏"的原始叙事只是一种流寇式作战，而《宋史》蒲宗孟、许幾、任谅诸传提到盗匪出没的梁山泺（泊）跟宋江等人毫无关系。按《宣和遗事》，宋江三十六人是在太行山落草，到了元剧水浒戏里出现了梁山泊。《水浒传》将此作为宋江的大本营，用意显然是跟汴京拉近距离，作为朝廷的肘腋之患，却未尝不是出于以江湖融合庙堂之奇想。

编集时对较早写的《重读〈水浒传〉札记》一文做了改订，标题改为《"礼失求诸野"的救赎之义》（第一讲）。因为这些年来也在检讨自己的思路，不少看法有所改变和调整。这篇札记论述比较宽泛，亦不够深入，但它确立了以后的基本思路和视角，实际上是一篇散漫的大纲。

如今再看三十多年前写的《〈水浒传〉主题思维方法辨略》，难免有"悔其少作"之感，但考虑到那是我最初思考的起点，作为附录收入本书。不过，此文是按当时发表的原样排入，未做任何修订。当初的有些看法显然不对，如称《水浒传》"所涉男女私情一概从反面下笔"，认为小说里对潘金莲、潘巧云、白秀英、贾氏一类"淫妇荡妇、泼妇刁妇"的描述带有歧视女性的"封建意识"云云。去年写作《〈水浒传〉的妇人话题》（第七讲）那篇文章，批评别人这方面的看法，倒是忘了这正是自己早先的陋识。

最后需要说明，本书各篇所引《水浒传》故事、回目和文字，皆根据杨定见序本整理的一百二十回《水浒全传》。

收入本集的文章有三篇刊于《读书》杂志，一篇发表在《中华读书报》文化周刊，其余都曾在《书城》杂志刊登，作者感谢各报刊的鼓励与支持。《书城》执行主编顾红梅女士建议将这些文章结集出版，并为之策划；编辑齐晓鸽女士悉心校读书稿，费力尤多。在此亦一并致谢。

陈平原兄治小说史成就卓然，此番拨冗为拙著作序，实不胜荣幸。

作者
二〇一九年八月九日

第一讲

"礼失求诸野"的救赎之义

早年（二十世纪八十年代前半期），我曾迷于几部中国古典小说，在《水浒传》一书上虚掷不少工夫。过去这书被认为是一部反映农民起义的作品，乃至有"农民起义教科书"之称。至八十年代初，"起义说"已大受质疑，有些学者便相应提出另一种解释，将其视为摹写市民阶层生活与理想的叙事之作。这种"市民说"的来由是鲁迅《中国小说史略》里谈论《三侠五义》的一句话，所谓"《三侠五义》为市井细民写心，乃似较有《水浒传》余韵"云云。从鲁迅这话里是否可以反推《水浒传》也是"为市井细民写心"之作，而"为市井细民写心"是否就等于产生了一种新型的"市民文学"，这些都是当时研究者们争论的焦点。我不赞同"起义说"，同样也不认为"市民说"有何道理，一部成书过程漫长而复杂的作品，是否能够体现某种清晰的阶级（阶层）的主体意识，这本身大可怀疑。可是，在学院派的判牍中,"阶级论"和"反映论"的观念已是根深蒂固,而以"市民说"取代"起义说",更像是与时俱进的姿态调整,这让人觉出一种"咸与维新"的学术焦虑。当时,我写了一篇题为《〈水浒〉主题思维方法辨略》的论文(原载《文学评论》1986年第3期,收入拙集《文学的当代性》,人民文学出版社1988),提出《水浒传》的命意在于揭橥中国人的伦理危机,书中触及的儒家伦理思维的扞格之处正是解读这部作品的关键。我认为,真正值得注意的是一种被历史阴影遮蔽的二律背反——"忠君"/"造反","替天行道"/"犯上作乱",在"冠屦倒施"的语境中恰是等位关系,或者确切说是一种互为前提的因果转换。

当年写那篇文章时,我自己也有一种焦虑,就是急于从"阶级论"以外去找寻文本解读方案,现在看来那篇东西仍有许多问题没有谈透。

其实,《水浒传》也是一部极富社会学研究价值的中国作品。五百年来它流行于人稠地广而灾难深重的汉语文化圈,以羼杂着传奇、史诗与悲剧意味的英雄话语教化民众,给一个精神失落的民族带来了自我救赎的慰藉。当古老的文明已经失衡,制度安排只能为威权政体补苴罅漏的时候,留给个体的生存空间只能是充满暴行与无知的荒蛮之地。按霍布斯的说法,既然国家体制限制了个体自由,那就应当让每一个公民都享有安居乐业的权利;国家作为一种国民共同体，应当是"理性、和平、富足、体面、友谊、优雅，乃真与善的国度"（《论公民》）。可是，谁来保证霍布斯的政治设计不出问题呢？在《水浒传》所展现的那种弱肉强食的语境中，弱者最终的自救只能是反抗，哪怕是想象中的反抗。

在许多无聊的夜晚，我重新翻开《水浒传》，又看见许多杀戮，许多血和许多泪，徒生许多无奈的感慨……

一

一部大书，何以开篇不写那一百零八人而先写高俅？金圣叹在《〈第五才子书水浒〉七十回总评》中提出这个问题，照他的说法是隐括"乱自上作"的春秋笔法。不过，细细斟量这个"乱"字，实有其双重含义：在朝是纲纪混乱，在野便成了社会动乱。由高俅一类人物胡作非为，推衍出林冲一类人物聚啸山林，即鲁迅所谓"国政弛废，转思草泽"的叙事逻辑。

高俅由"破落户"佞幸小人混到主管军事的殿帅府太尉，显然是秩序失范，意味着伦理、价值体系的彻底崩溃。高俅既非科举进身的文官，也不是疆场上拼杀出来的武将，他只是一个身陟高位的流氓。以传统现实主义观点来看，杂流出身而至高官未免缺少经验世界的真实依据。（按：王

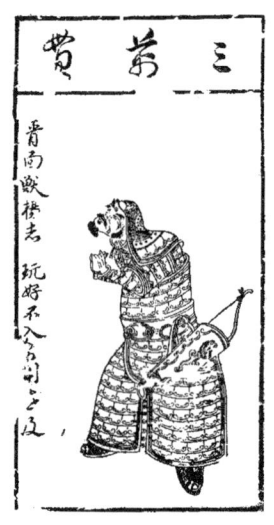

青面兽杨志，明陈洪绶水浒叶子

明清《挥麈后录》言其原为苏轼书僮，后入王晋卿门下，因擅于蹴鞠为端王赏识而发迹。《水浒传》显然采用了这个由潜邸亲随领殿前司职事的传闻，但此说不见正史，也缺乏其他史料支持。）高俅此人《宋史》无传，其殿前司都指挥使一职见于《宋史·徽宗纪》和《东京梦华录》等书。小说附会这样一个史载不详的人物，是以个案的偶然性、传奇性绕开制度层面的若干话题，直接投射道德批判意图。

显然，《水浒传》一书对"破落户"尤为警觉，尤为痛恨。杨志天汉桥下卖刀，正是遇上牛二那种破落户泼皮，终于上演英雄失路的一幕。王法管不了牛二放刁耍赖，却不能容许杨志刃血除恶，可见"破落户"周旋人世比别人有更多的空间。在《水浒传》的语汇中,"破落户"并非指家道败落,而是礼义尽失的一班无赖。如西门庆出场时,书中介绍说是"阳谷县一个破落户财主",其实他家境殷实,甚至财大气粗。(按:潜说友《咸淳临安志》云:"绍兴二十三年,上谓大臣曰:'近今临安府收捕破落户,编置外州治,本为民间除害……'")当时"破落户"已是一种社会痼疾。《水浒传》前四十回中,除了打劫生辰纲的晁盖一伙,诸多好汉上山落草前都是遇上了这样的恶势力,如鲁智深之于郑屠户,武松之于蒋门神,宋江之于无为军的黄通判。如果说高俅算是"国家罗汉",镇关西、牛二之类则是遍地出没的闾巷恶煞,他们的存在便是好人失足的契机。

评骘《水浒传》素有"只反贪官,不反皇帝"的说法——矛头止于官僚集团,足以证明梁山革命的不彻底性,这是一个政治叙事的后设命题。不过,这里有些歪打正着的意思,如果可将官员/皇帝视若一种二元格局,那倒不难窥识"只反贪官"的真实意图。皇帝不妨作为权力意志的象征,而官僚集团才真正是国家机器。《水浒传》的叙事策略是把官僚集团与儒家的政治理想剥离开来,描绘出一幅国家自上而下的流氓化图景,从而颠覆了古代圣贤建构的理想国。

作为官员的儒者失去了精神依傍,治国平天下的政治话语权已被褫夺,这何尝不是整个文官制度的大失败。这里无疑展现了一个颇有创意的政治伦理主题：执政者从道义上丧失了执政的合法性，而千疮百孔的王权制度依然不失其自我修复功能，那就是有另一种力量在"替天行道"。不用说，"替天行道"的前提是"天下无道"。

二

《水浒传》中吏治问题尤为严重，尤其是司法部门。谁有权谁是大爷，如董超、薛霸只是解押犯人的差役，高俅想在林冲远戍沧州途中下毒手，还须陆虞候出面花钱买通他俩。这对超霸组合绝不放过任何创收机会，日后押解卢俊义也照收李固两锭大银。

李固陷害卢俊义着实花费不少。官府里上上下下都打点到了，他还想买通押牢节级蔡福、蔡庆兄弟在狱中做掉卢俊义。书中有一段他与蔡福的密谋，出价五十两蒜条金，人家竟讨至五百两。不料梁山泊硬是要搭救卢俊义，柴进找上门来，出手就是一千两黄金。这蔡氏兄弟后来也上了梁山，可在牢里净做这等"吃了原告吃被告"的勾当。

不用说，有钱的也是大爷，一部《水浒传》充满金钱与权力的交易/博弈。不说官场上贪贿成风，即使江湖上义气为重的好汉们也总是金钱开路。晁盖、宋江、柴进等都有"仗义疏财"的美誉，但他们的慷慨解囊往往是买通关系的贿

豹子头林冲，明陈洪绶绘水浒叶子

赂手段。如，刘唐醉卧灵官殿让雷横（其时尚在县里管治安）逮住了，晁盖便用十两银子通融下来。林冲在柴大官人庄上与洪教头比武时，柴进使了银子让董超、薛霸给林冲开枷。林冲进了沧州牢城营内，忙不迭地给管营、差拨塞上银子，于是免了进门的一百杀威棒，还给开了枷，派他一个好差事。

这种行贿在书中被赋予仗义行善或是自我保护的正当性，既然反派人物花钱买凶，正面人物也照式解囊应对。蒋门神贿赂张都监、张团练陷害武松，施恩想援救武松也便花钱办事，正邪之间似有一种共谋关系。施恩用一百两银子买嘱康节级多予照料，另以一百两银子打通办案的叶孔目，硬是把武松的文案改轻了。（按：书中有诗为证：

"赃吏纷纷据要津，公然白日受黄金。"）每次进牢里探视，都还少不了酒食钱财一路打点。

宋江也有这一节，进了江州牢城营，从差拨到管营的一路银两照应。只是漏了押牢节级戴宗，这戴院长便在点视厅上大发作，理直气壮地来讨他的"常例钱"。戴宗在江湖上久已闻名（后来梁山排座次在天罡之列第二十位），勒索起犯人却也是毫无道义可言。宋江不给戴宗上贡是因为吴用说过那是他哥们。其实，哥们义气也是要金钱维系的。晁盖很懂得这一层关系，阮氏兄弟一来就给了三十两花银，后来上山坐稳了头把交椅，他派刘唐给宋江送去一百两黄金——当初官方缉捕生辰纲要犯，是宋江"担着血海也似干系"来通风报信，惦着这份人情也就是义气。不过，这一百两黄金差点坑了宋押司，阎婆惜捏着他私通盗贼的把柄，硬叫他把金子交出来。其实那些金子宋江只是"受了他一条"，剩下的都让刘唐拿回去了。可这话阎婆惜死活不信，照她的说法是"公人见钱，如蝇子见血"。

不论"公人"还是"贼人"，什么事情离了金钱都是万万不能的。后来梁山派人往京城活动招安一事，也是大把撒钱。中国小说里边，将金钱作用写得如此无孔不入，大概没有超过《水浒传》一书的。

难怪，金圣叹评点《水浒传》见到处使银子，竟有"十三可叹"之叹。

三

评论者通常忽略了书中一个重要事况:《水浒传》并没有描述百姓的生存艰难,古人所说赤地千里、饿殍遍野的悲惨景象压根未见,相反各处都是一派丰饶富足的图画。按小说家叙事意图,造反的动因根本不在于民生疾苦,而是社会关系、人际关系的失衡失序,亦即所谓纲纪废弛、礼义尽失,其实就是缺乏公平与正义。

坏人作恶无以治罪,好人犯事必被惩处,这是小说叙述的一个重要特点。如宋江杀惜、武松杀嫂、雷横打死白秀英,其中各有款曲,却一概难逃法网。反之,牛二、西门庆那些人作恶,官府却是管不了,只能让杨志、武松们去解决。这与其认为是官府的选择性执法,毋宁说是小说家用以陈述世道恶劣的叙事策略。

显然,书里任何一宗案子都能找出好人坏人甚或第三者第四者的共谋关系。譬如,宋江之杀惜,不只是宋江的焦躁和孟浪,那婆惜的贪婪和无赖,以及她与张三的私情,还有招文袋里晁盖信件提供的口实,所有这些缪轕不清的关系,一并做成了红粉殒命的惨案。在更为普遍的意义上,"贼人"作乱,"公人"作恶,亦相辅相成,有着扯不清的因果关系。于是,以恶制恶堂而皇之地成了一种崇高的道义。在一个伦理尽失的社会里,自然是弱者的抗争被赋予正义色彩,亦足以令人同情,所谓江湖道义本源于此。

刘唐来向晁盖报告生辰纲的消息,振振有词地说:"小弟想此一套是不义之财,取之何碍?"这是江湖上黑吃黑的道理。智劫生辰纲的事儿看着解气,可用现在的话来说,正是"黑社会性质的有组织犯罪"。可是,如果没有这些江湖上的不法之徒,那些体制内的不义之人岂不是更为无法无天,梁中书每年为蔡京祝寿送上十万贯金珠宝贝的大手笔,岂不就成了京中官府大院里饭余茶后的美谈?

黑吃黑的以恶制恶注射了正义的鸡血,就像病毒似的遍地蔓延。金眼彪施恩倚靠其父的官方背景在快活林开设酒店(按:《水浒传》里的官吏亦有自家营生,病关索杨雄原是蓟州政府里做押狱兼刽子手的,又在城里开了一家屠宰作坊,于是宰人兼宰牲),生意原本十分红火,"每朝每日,都有闲钱",这让蒋门神看了十分眼红,便仗着张团练的势力夺了酒店。其时武松正在施老爹的安平寨里服刑,正好让施恩找来给自己出气。武松上演了一套醉打蒋门神的全武行,施恩完成了"义夺快活林"的复仇叙事。整一个黑社会的快意恩仇。

无序造成整个社会的黑社会化。权力和暴力各逞其能,

武松醉打蒋门神，明刊容与堂本插图

交相辉映。毛太公的两个儿子孔明孔亮，"因和本乡一个财主争竞，把他一门良贱尽都杀了，聚集起五七百人，占住白虎山，打家劫舍"。读《水浒传》，每遇这种越轨出格的事情，总让人豪情冲动，杀戮与劫掠不经意间纳入了"义"字当头的话语体系。

该出手时就出手，实际上很难定义该不该的必须条件。所以，这种江湖上的程序正义往往遮蔽了实体正义的问题，乃至与扶危济困相号召的江湖道义构成巨大的悖谬。宋江上山后杜绝了打家劫舍那种贸然出手的草寇作风，也算是"去邪归正"的自我救赎。

四

老话说"逼上梁山",其实未必都是被逼上来的。一百零八人上山的路线图值得研究,除了那些没有叙事意义的零星投靠者,大体可描述为四种类型。

一、个体冤案(或犯事)的事主,成了被追杀被迫害的对象,如林冲、鲁智深、杨志、武松、柴进等人。这是真正被"逼上梁山"的一拨。按人头算来这些人并不多,但多是重量级人物,或是在书中起到穿针引线的作用。当然也有解珍、解宝之类的小角色(这哥俩居然混了个天罡之属)。像杨雄、石秀杀了人,还没来得及被官府通缉就投了梁山,姑且也归入此类。或许,宋江也该归入这一拨。宋江因杀惜而被缉拿和刺配,不能跟林冲那些人相提并论,但最终也算是被逼无奈上山入伙。

二、存心与官府作对的团伙,主要是打劫生辰纲的晁盖、吴用等人,他们构成了水泊梁山的早期班底(先前王伦那几位不成气候)。也许为了突出梁山泊这条主线,书中对分布各处的江湖社会着墨不多,但不时也有述及,如少华山、清风山、桃花山、二龙山、黄门山诸部,还有十字坡上卖人肉馒头的张青、孙二娘夫妇。许多人并非因个人命运走投无路而造反作乱,刘唐和公孙胜找上晁盖是来送

"一套富贵"与他。同一个江湖,同一个梦想,大家都有一套论秤分金银的发财之梦。晁盖等人后来上山落草虽是为躲避官方缉捕,但他们的行为具有主动性,与林冲、杨志的英雄失路绝非同调。

三、被"赚"上梁山的主儿,如朱仝、徐宁、卢俊义等人,这几个被"赚"的故事都相当精彩。还有玉臂匠金大坚、圣手书生萧让、神医安道全也是这样被弄上山的。拿下祝家庄后,宋江让人假扮官员传唤李应,又暗中取来家眷,便将他与杜兴赚上山来。活生生断了人家后路,实为"逼良为寇",或许算是另一路"逼上梁山"。这是梁山招募人才的一种特殊方式。

四、被梁山俘获或招降的官军将领,如秦明、黄信、李云、呼延灼、关胜、索超、宣赞、郝思文、韩滔、彭玘、单廷珪、魏定国、凌振、董平、张清、龚旺、丁得孙等。加上林冲、鲁智深、杨志、武松、花荣、朱仝、雷横、徐宁、孙立、孙新那些人,梁山一百零八人中官军旧将差不多占到四分之一。这大批官军将领相继反水,意味着梁山泊的道义胜利。

以上四种类型中,被动入伙的是绝大多数。有趣的是,主动者原本逐财而啸聚山林,被动者则是见义而投身水泊。从黑社会的山林草寇,到雄踞一方且以"替天行道"为号召的武装集团,江湖道义终而由私谊变为公义。梁山泊在与官府和朝廷的不时周旋中，实现了自身的改造和提升。

五

过去有一种权威意见认为，宋江改聚义厅为忠义堂是"搞修正主义"，是"投降"。在批评者看来，宋江将造反纳入王权格局下的政治博弈，乃至为朝廷招安，不啻革命者自废武功。可是，这跟小说的叙事旨意完全不是一回事。

聚义厅改名在宋江嘴里只是一言带过（第六十回），而李卓吾评容与堂百回本《水浒传》指出："改聚义厅为忠义堂，是梁山泊第一关节，不可草草看过。"由动宾结构的"聚义"变为"忠义"并列，且以"忠"字为先导，实际上是将重建国家伦理秩序的政治诉求引入草泽社会。从打家劫舍到"替天行道"，梁山在做大做强的同时完成了自我升级，这一点确实"不可草草看过"。前边第四十二回中，宋江回家取爹被官军一路追杀，于还道村遇九天玄女，受三卷天书，水穷云起之际得神授法旨："汝可替天行道，为主全忠仗义，为臣辅国安民，去邪归正。"以神道设教，从道义上赋予自己一种庄严使命（同时将黑道漂白），此乃一大转折。

其实，"替天行道"是一个共同纲领，在"大碗喝酒大块吃肉，大秤分金银"的目标之上，提出了辅国安民、去邪归正的政治改革目标。缺了这个大目标，很难结成某种统一战线，很难笼络那些被动入伙（被俘和被"赚"）的好汉们。

值得注意的是，宋江梦遇的玄女娘娘是道家神祇，传说中也算是"替天行道"的创始人。（按：张守节《史记正义》引《龙鱼河图》曰："黄帝以仁义不能禁止蚩尤，乃仰天而叹。天遣玄女下授黄帝兵信神符，制伏蚩尤。"）联系到当日天子是有"道君皇帝"之称的徽宗，这里似乎有意在思想情调上与朝廷保持一致。

梁山泊人物中儒道释俱全，但是道家的地位绝对显赫，吴用、戴宗都是道者一路，四把手公孙胜干脆是职业道人，其下还有朱武、樊瑞诸辈。小说第七十一回受石碣天书，在忠义堂上做醮，那是梁山泊最重要的典仪，做的就是道家的法事。《水浒传》在检讨儒家伦理政治失败的同时，对黄老之术、谶纬之学表现出浓厚兴趣，无疑是一个可以深入研究的问题。

六

中国人历来说"官官相护"，可是从《水浒传》的情形看，官僚集团并没有那种一损俱损的整体意识。官场本来就是杀戮之地，从林冲误入白虎节堂那一刻起，命运就开启了圈套中的格杀。杨志被高俅一脚踢出职场，花荣与刘知寨为宋江而兵戎相见，殷天锡仗势侵占柴皇城的宅子……可见官场尽是互相倾轧。后来说到梁山泊招安，朝中明显是两派，蔡京、高俅一班人竭力阻挠，宿元景等人是促成派。殿前太尉陈宗善奉旨往梁山招安，蔡京派来一个张干办，高俅派来一个李虞候，气焰嚣张地惹恼了梁山好汉，硬是把事情给搅了。

官场不谐是出问题的关键。《水浒传》毫不涉笔民生问题，是有意撇开更广泛的危机因素，将矛盾集中于制度与伦理问题。按书中描述的情形，官僚集团内部显然缺乏起码的凝聚力。像梁中书、蔡九、高廉这些有家族背景的地方大吏最敢胡作非为，搜刮生辰纲之类的横征暴敛，没有弄出民怨沸腾的局面，却使官僚集团利益分配格局明显失衡，屡屡造成情势失控的突发性事件。《水浒传》历来被称作"官逼民反"，这种看法实为大谬。其实书中更多的情形是"官逼官反"，是上层官僚逼得下层官僚走投无路，是文官逼得武官铤而走险。

赵宋王朝一向是重文抑武，多以文臣制军，而《水浒传》却分明表现出崇武贬文的叙事意图，无疑是对那套文官制度所代表的政治伦理的批判。举凡朝中的蔡京、童贯、高俅，地方上的梁中书、蔡九之俦，乃至清风寨的刘知寨、东平府的程太守，文官一个个都是坏蛋。国家就坏在这班人手里。文官里边，大概只有郓城知县时文彬一人还算为官清正，相反那些武将世家、军班行伍多是忠良之辈，如林冲、杨志、花荣、武松、关胜、呼延灼等,武将多竟身怀冤屈,终不改报国之心。所以,梁启超认为《水浒传》大有"鼓吹武德,提振侠风"之义(见《小说丛话》)。

七

与其说《水浒传》是讴歌农民起义,莫如说是表现一种想象中的地主阶级的"光荣革命",明火执仗的革命党不是别人,正是庄院主人及其依附者,而书中那些大大小小的庄院多为江湖势力的"金主"与"桩脚"。

当体制内的官僚们都成了国家的蠹虫,体制外的乡绅们便是社会中坚。

梁山泊先后做一把手的晁盖、宋江都有自家的庄院。诸多好汉中,柴进、史进、穆弘、穆春、孔明、孔亮、李应等人,都曾利用自家的庄院周济天下豪杰或掩护山寨行动。庄院与山寨,并无迈不过去的沟堑,像史进还在庄里时就跟少华山上的强人称兄道弟,打得一片火热。而柴进的庄院干脆广纳天下豪客,更像是江湖社会的秘密联络站,跟各处山寨都有关系。

《水浒传》中的庄院大多有自己的武装,庄主本人也都有棍棒拳脚上的功夫,实际上庄院也跟山寨一样形成了某种武装割据。同时,庄院也是秘密活动的掩体,晁盖策划劫掠生辰纲正是有这份方便。不同的是庄院具有兼容黑白两道的两面性，表面上它不与官府对立，暗地里却是通向江湖社会的中转站。小说描述的这种体制外的经济-军事实体不能说没有真实依据，但其中明显具有想象的成分，它在士绅阶级主持的乡村自治的基础之上，极大地延伸了民间贤达的政治诉求。由于这种组织的反体制性，更由于它与黑道接轨的自由度，它很容易刺激人们的某种幻想。

从庄院到山寨，不仅逃避世间的苛政，亦可借此打造某种乌托邦想象。其实，水浒的故事正是"礼失求诸野"的一个典型案例。在缺乏纠错机制的儒家礼治学说中，王道复兴的唯一机会就是向民间寻求变革动力，《水浒传》正是演绎了这种古老的政治传统。

当然，不是所有的庄院都是梁山革命的同道，像曹太公、毛太公那类庄院主人就是龌龊小人，而祝家庄和曾头市更是梁山的对立面。祝家庄、曾头市那样的庄院有如军事堡砦，兵马齐备，粮草自足，俨然国中之国。

八

三打祝家庄，两攻曾头市，可谓书中的重头戏。不过，看上去这两次征战多少有些师出无名。打祝家庄起于时迁偷了祝家店的一只鸡，打曾头市是因为对方抢了段景住盗

宋公明一打祝家庄，明刊袁无涯本插图

取的一匹马。时、段二人偷鸡失马尚在上山落草之前,他们还不算是梁山泊的人,碍不着山寨的面子,犯得着如此大动干戈?

打祝家庄是宋江的主意,他对晁盖说:"若打得此庄,倒有三五年粮食。"一语道破天机,原来是要解决山寨给养。曾头市同样油水不少,后来破寨之日,"抄掳到金银财宝,米麦粮食,尽行装载上车,回到梁山泊给散各都头领,犒赏三军"。像攻打高唐州、大名府等处,除解救柴进、卢俊义,亦是钱粮之计。

不过,小说家未必有心瞩意山寨钱粮细事。打祝家庄,是宋江上山后第一次大规模军事行动,书中这样安排自有让宋江建功立业的考虑。拔了祝家庄、曾头市这两个钉子,亦借以铺述梁山泊发展壮大的光辉历程。因为有招安的战略目标,梁山泊希冀获得与朝廷对话的地位,必须做大做强。宋江作为梁山二把手,先后指挥了一系列战事:三打祝家庄,破高唐州解救柴进,击败呼延灼和青州官军,攻陷华州救出史进鲁智深,芒砀山收服樊瑞一伙。如果说早先宋江以"仗义疏财"获得江湖上的美誉,现在这实实在在的战功更是让弟兄们信服。

之后就是曾头市了,这回是晁盖执意而往,再让宋江独占风光,老大的面子上就不好看了。结果,初打曾头市,晁盖率众亲征,竟将自己这条命搭了进去。其实,碍不着谁的面子，小说家的意图很明显，梁山泊的故事到此须做出"换帅"安排。那晁天王说到底只是草莽英雄，缺乏胸襟与涵容，凡事都是江湖上的手段，终究不堪大用。

《水浒传》的后半截是按照宋江的招安思路推进，晁盖若是不出局也只是一个摆设，这时候要让有政治头脑的宋江坐头把交椅才行。

九

浔阳楼题反诗是宋江少有的失态。那首《西江月》竟道"自幼曾攻经史，长成亦有权谋"，如此直白的表露，显得有些大傻，或是老酒喝多了。他在粉壁上写下的一词一诗，都有"他年若得"或"他时若遂"的字样，以示困厄中不失大志向大抱负。"血染浔阳江口"的预言很快就应验了，宋江也许预感一场大风暴将至，他的人生不会就此画上句号。至于诗中"敢笑黄巢不丈夫"一句，实际上是别有心曲。黄文炳的解读是："这厮无礼，他却要赛过黄巢，不谋反待怎地？"当然，这是存心找茬。宋江"敢笑黄巢"并非取笑黄巢作乱不够，恰恰是不认同那种玉石俱焚的造反目标。其谓"不丈夫"，是说黄巢没有扶危济困的责任感。

自幼攻读经史的宋江相信秩序与规范，他对王权的合法性并无异议，故忍辱负重之际，面对黄钟毁弃、瓦釜雷鸣的混乱局面，仍是心怀整顿乾坤的大使命，后来上山落草自是命运机缘的安排。他一再声称"权居水泊，专等招安"，不能仅视为对朝廷表白忠诚，更重要一点在于：他不能将山寨作为他和弟兄们的最终归宿，且并不打算改朝换代自己做皇帝（李逵倒是屡屡叫嚷杀去东京，让宋大哥做皇帝）。既是"替天行道"，梁山泊的江湖道义正可作为"去邪归正"、改造体制的伦理精神。

《水浒传》的"造反—招安"的叙事模式带有某种救赎之义，是水浒故事流传中出现的颇有想象力的政治解决方案。当然，以文学想象擘划这类军国大事，并不具有实际的可操作性，故而这在书里书外都是一个颇具争议的话题。这里暂不讨论此中的是非曲折，但收敛反抗锋芒不能不让人想到某种策略性思路。招安的设计很可能具有双重叙事策略——除了安排故事走向，演绎梁山人物之命运，似乎亦有规避官方文字检查的考虑。

作为一部在民间流传甚广的大书，《水浒传》如果只是煽动闹事和讲述反朝廷故事，显然很犯忌。施耐庵们不想落个利用小说反朝廷的罪名，大抵也会想到自我设限的办法，故而借招安拉开一连串"纠偏"的行动序列。梁山泊皈依朝廷以后的主题变调一眼就能看出，后边的"征四寇"

全是攘外安内的关目（征辽和平田虎、王庆三部分，应非原本所有，郑振铎认为是闽中坊贾所添加，但如今可与全书视为一个整体加以讨论），那些仓促、混乱的叙事明显是在找平衡，似有浪子回头、戴罪立功的意思。按鲁迅的说法便是："一部《水浒传》，说得很分明：因为不反对天子，所以大军一到，便受招安，替国家打别的强盗——不'替天行道'的强盗去了。终于是奴才。"（《三闲集·流氓的变迁》）不过，招安并非迫于"大军一到"的军事围剿，这一点鲁迅说得不对，其时梁山泊反倒是两赢童贯、三败高俅，军事上占有很大优势，朝廷根本无奈其何。很明显，招安是被招安者的主动行为，如果说"终于是奴才"，亦须从这个角度去诠解。

十

"奴才"这说法未免太损，抑或可以说是一种犬儒主义。在严苛的专制统治下，反抗叙事难免会采用一种扭曲的形式，屈就也许是为了伸张，苟且之中掩蔽着颠覆性话语。

然而，统治者并非不能勘破这遮遮掩掩的把戏，文网密布之日自有大批鹰犬，像黄文炳那样的"误读"倒也未尝不是正解。虽说坊间《水浒传》刊本多标以"忠

武松血溅鸳鸯楼，明刊袁无涯本插图

义"名目，可是崇祯末年终遭官方查禁，入清以后始终在禁毁书目之中。（按：同治八年，江苏巡抚丁日昌发布禁书《省例》，谴责《水浒传》等书，有谓："乡曲武豪，放纵为任侠，而愚民鲜识，遂以犯上作乱之事视为寻常。方以为盗案奸情纷歧迭出，殊不知忠孝廉节之事，千百人教之，然未见为功；奸盗诈伪之书，一二人导之而立萌其祸。"）

官方不能让"奴才"逞意于文学想象，尤其不能让他们沉浸在血色梦幻之中。英国人柏克在观察法国大革命那场风暴时，留下一句名言："罪恶的手段一旦得到宽容，很快就为人们乐于采用。"（《法国革命论》）明清两朝对《水浒传》的禁毁同样表现为这种担忧：崇尚反抗与杀戮的文学一旦得到欣赏，很快就会变为现实。

文学绝不等于现实，但文学的豪情快意等于给了世人一个说法，在秩序不能约束强势阶层的时候，反抗与杀戮即成了自我救赎。譬如，读到血溅鸳鸯楼一节，确实让人十分痛快。武松一连杀了蒋门神、张都监和张团练，蘸着血在粉壁上写下"杀人者打虎武松也"八个大字，真是凛然一股英雄之气。至于他手刃张都监妻妾丫鬟佣仆八九口人，你都不觉得是在滥杀无辜。

但是，反抗与杀戮终究只是手段，反抗与杀戮不能替代公平与正义。《水浒传》的救赎之义在于确立道义的价值，而且包括重建伦理秩序的构想。招安的政治设计或可视作与虎谋皮，小说以悲剧收场亦足以表明此路不通。然而，如何让反抗者回归社会，实现人的体面与尊严，这是一个永久的问题。

二〇〇八年七月至九月漫记

原题《重读〈水浒〉札记》，刊于《书城》

二〇〇八年十二月号，收入本书时有改动

第二讲

"小水浒"与"大水浒"

此谓"小水浒""大水浒",并非《水浒传》版本系统中的"简本"与"繁本",亦非金圣叹七十一回本与各种全本(百回本、百十回本、百十五回本、百二十回本等)之区分,是指水浒故事中的两套互有关联却是各具旨趣的叙事话语。

《水浒传》书名出自《诗经·大雅·緜》:"古公亶父,来朝走马,率西水浒,至于岐下。"其诗叙说周文王祖父古公亶父(太王)率部族迁徙,奠立周朝基业的故事。以"水浒"作书名,并不仅指英雄聚义之地水泊梁山,显然含有比附王道兴起之义。但准确说,《水浒传》要旨不是兴起,而是拯救;或者更加准确说,这是一个演绎救赎的故事,犹似王道复兴的一番沙盘推演。这部小说的背景是王纲废弛之际的一派乱象,按金圣叹说法是"乱自上作",一切皆可归咎于北宋末年奸佞当道的政治格局。上梁不正,却要靠下梁支撑，匡时济世的责任这就落到了民间社会。鲁迅《中国小说史略》介绍此书，有"国政废弛，转思草泽"之说，一语道出其内在叙事逻辑。

宋江等一百零八人聚义水泊梁山，打出"替天行道"旗号，说到底是面对王道危机的拨乱反正。他们的造反，看似破坏了秩序和规矩，实乃以民意和道义"倒逼"朝廷改邪归正，极而言之也算是一种兵谏。所以，受石碣天书之后，宋江就寻求与朝廷和解，后来受了招安便是还了"瞻依廊庙"的宏愿。当然，这说的是《水浒传》一书总的命意，也是"大水浒"叙事。整个水浒故事不止这一套话语，其中夹缠着许多"小水浒"叙事。

一

"小水浒"是表现个体冤情乃至反抗的局部性叙事，其中包括啸聚山林、打家劫舍的江湖行径。很明显，整部《水浒传》是由若干"小水浒"叙事分别导入，这从小说的结构方式就可以看出。

《水浒传》叙述结构有"百川归海"之誉，开头是若干个人叙事，不像《三国演义》诸镇围剿黄巾和讨伐董卓那种环环相扣的大场面，其主要人物一个个出离体制社会，在通往山林草泽的道路上相继登场。这种多头并举的结构方式不能说非常完美（往好里说有一波未平一波又起之妙，缺点是给人鸡鸭争食之感），很可能是缀合散篇话本和元杂剧中水浒故事而留下的痕迹。书中前三分之一篇幅分别叙述王进、史进、鲁智深、林冲、杨志、武松等人遭受冤屈或困厄，英雄失路，托足无门，不是逃避就只能是反抗。其间又插入晁盖、吴用等人智劫生辰纲而上山聚义之事，形成二龙山、桃花山、白虎山和梁山泊等山寨割据态势。在宋江上山之前，所有这些反抗和劫掠，都没有什么政治目标，晁盖一班人打劫生辰纲也只是谋财而已，取官家不义之财亦如江湖上的"黑吃黑"。显然，"小水浒"叙事特点是不做政治伦理层面上的考量，从个人复仇到投名入伙，只是沿循江湖道义和生存法则。

宋江的出现改变了江湖上的固有状态。是宋江将那些散落各处的好汉勾连到一起，终而使枝枝蔓蔓的个人叙事逐渐汇聚于"大水浒"的叙事主干。作为郓城县衙一名刀笔吏，宋江本来绝无上山落草之念，只是暗通梁山的证据落在阎婆惜手里，情急之下杀了人不得不流亡江湖。从杀惜之前到辗转柴进、孔太公庄园和花荣的清风寨，再到被捕发配江州，宋江本人的遭遇也是一段"小水浒"叙事，上山之前他还没想过如何将圣人之道纳入江湖规则，如何在王权体制内重建伦理秩序。

但是与其他人不同，宋江一直在逃避那种宿命，最后梁山众人劫法场将他救出，入伙便是不得已的选择。小说将宋江上山的过程写得颇为曲折，内中是极为纠结的一番心路历程。当初给晁盖一伙通风报信，只是出于江湖道义，而非相与勾结。"自幼学儒，长而通吏"的宋江很难摆脱修齐治平的政治伦理思想，即使流亡之际亦着想着规规矩矩做人。如第三十二回，宋江往清风寨投靠花荣，武松去二龙山入伙，在瑞龙镇分手时，宋江叮嘱武松："如得朝廷招安，你便可撺掇鲁智深、杨志投降了。日后但是去边上，一刀一枪，博得个封妻荫子，久后青史上留一个好名，也不枉了为人一世。"这番话表明宋江固有的价值理念。宋江上山落草前，每一步都是被动状态，日后坐了梁山头把交椅，仍将负荷命运之重轭。

值得注意的是，第四十二回出现了话语逻辑的转换。宋江上山后，回家搬取老父，途中被官军追杀，在还道村庙中遇九天玄女，受三卷天书。水穷云起之际，自有神授法旨："汝可替天行道，为主全忠仗义，为臣辅国安民，去邪归正。"如此以神道设教，乃从道义上赋予造反者一种庄严使命，而"替天行道"四字正是将黑道漂白之机杼。

二

周密《癸辛杂识续集》收录龚开（圣与）《宋江三十六

人赞并序》，极赞宋江"识性超卓"，又将其序论喻之太史公作陈涉世家、项羽本纪。序曰：

> 余尝以（宋）江之所为，虽不得自齿，然其识性超卓有过人者，立号既不僭侈，名称俨然，犹循轨辙，虽托之记载可也。古称柳盗跖为盗贼之圣，以其守壹至于极处。能出类而拔萃若江者，其殆庶几乎！虽然，彼跖与江，与之盗名而不辞，躬履盗迹而无讳者也，岂若世之乱臣之子，畏影而自走，所为近在一身，而其祸未尝不流四海。呜呼！与其逢圣公之徒，孰若跖与江也？……圣与既各为之赞，又从而序论之。何哉？太史公序游侠而进奸雄，不免异世之讥，然其首著（陈）胜、（吴）广于列传，且为项籍作本纪，其意亦深矣，识者当自能辨之云。

龚氏画赞提供了水浒故事流传的若干线索，研究者列述《水浒传》前史无不提及此序。但很少有人注意到序中关于"盗名"的分辨，其实更重要的是，这里对宋江等人的某些评骘，实已包含"大水浒"叙事的某些基本理念。如"犹循轨辙"，无疑将宋江造反视为一场王权框架内的革命，而"既不僭侈"一语则表明它不以改朝换代推翻赵宋政权为目标。至于以太史公作陈涉世家、项羽本纪相喻，自是强调某种可为史家承认的合法性。

《水浒传》成书之前,另有元刊佚名《大宋宣和遗事》,对于梁山泺(泊)聚义亦做出特殊的政治伦理定义。按鲁迅《中国小说史略》的概括,该书涉及水浒叙事有以下节目:

> 杨志等押花石纲阻雪违限　杨志途贫卖刀杀人刺配卫州　孙立等夺杨志往太行山落草　石碣村晁盖伙劫生辰纲宋江通信晁盖等脱逃　宋江杀阎婆惜题诗于壁　宋江得天书有三十六将姓名　宋江奔梁山泺寻晁盖　宋江三十六将共反　宋江朝东岳赛还心愿　张叔夜招宋江三十六将降　宋江收方腊有功封节度使

毫无疑问,这里已涵纳《水浒传》某些重要章节的故事梗概,只是其中若干情节与小说并不一致。也许,这是《水浒传》成书之前诸多水浒叙事文本之一种。但此书文体参差,头绪混乱,不像是文人笔墨(鲁迅认为是"钞撮旧籍而成",列作宋元之拟话本)。然而重要的是,这里已有九天玄女授天书一节,天书中叮嘱宋江"广行忠义,殄灭奸邪"。后边又提到受张叔夜招安、为朝廷收方腊之事。《宣和遗事》中没有王进、林冲那种个人冤情与仇恨(杨志和宋江的厄难皆由杀人所致,应另当别论),而宋江等三十六人主要是围绕"大水浒"叙事做文章。此书说宋江上山时晁盖已死,吴加亮(即小说中吴用)转述晁盖梦中合得三十六人之语,"若果应数,须是助行忠义,卫护国家"。这里并未细述宋江等人掠州劫县之事,面对这支合于天数的江湖武装,倒是一再申明"忠义"二字,显然有别于江湖上的"侠义"。

可惜宋元时期的水浒话本无一存世,不能确知早期水浒叙事之梗概。但从《宣和遗事》中看,至少有一种宋江形象,完全不同于自立为王的造反者。

三

《水浒传》成书之前的水浒故事另外有一个来源,就是元杂剧中的水浒戏。据说元杂剧存目之水浒戏有二三十种,傅惜华等人所编《水浒戏曲集》(第一集)收入有文本流传的六种,即《黑旋风双献功》(高文秀)、《燕青博鱼》(李文蔚)、《黑旋风负荆》(康进之)、《还牢末》(李致远)、《争报恩》(无名氏)、《黄花峪》(无名氏)。另外还收入明初朱有燉二种,即《黑旋风仗义疏财》《豹子和尚自还俗》,以及标以"元明间无名氏作"杂剧四种,即《梁山五虎大劫牢》《梁山七虎闹铜台》《王矮虎大闹东平府》和《宋公明排九宫八卦阵》。考虑到朱有燉和元明间无名氏杂剧与

《还牢末》杂剧插图,明万历雕虫馆刊《元曲选》

《水浒传》成书时间较为接近,这里不妨一并讨论。

就叙事内容而言,这十二种杂剧与小说相重叠的情节只是少数几处:其一,《双献功》《黑旋风负荆》二剧中李逵的行为,可被视为小说第七十三回故事来源,但不同的是小说描述的"双献头"是李逵杀了掳走刘太公女儿的两个贼人,而杂剧中则指一对奸夫淫妇。其二,《闹铜台》第二折以后叙李固、贾氏奸情,以及吴用智赚卢俊义上山,略同于小说第六十一至六十二回情节。其三,《东平府》剧中王矮虎与吕彦彪打擂,略似小说第七十四回燕青与任原相扑。其四,《九宫八卦阵》可对应小说第八十五回,即宋江征辽途中往二仙山参礼罗真人及八十九回破辽国混天阵二事。但小说中宋江排九宫八卦阵不是与辽兵作战，而是第七十六回中对付童贯；给宋江支招破辽的亦非罗真人，而是再度出现在宋江梦中的九天玄女。以上除吴用智赚卢俊义一例，在小说中都不算是重要情节，当然元杂剧对《水浒传》成书有多少直接影响，很难根据这些有限的文本做出判断。

上述水浒戏存世剧目另外有一些共同特点，倒是具有分析价值。可以列出这样几条：

一、这十二个剧目所述之事，如果搁到小说里都在后半截。因为按各剧介绍，晁盖已死于三打祝家庄，宋江接替晁盖成为梁山首领（小说里晁盖于曾头市中箭身亡，事在第六十回）。所以，这些水浒剧目中没有小说前半部分那些"逼上梁山"的个人叙事。

二、所有这些剧目中，均有宋江出场，但只是"冲末"或"外末"的次要角色，以自报家门的方式介绍梁山概况与叙事背景。除《宋公明排九宫八卦阵》之外，通常宋江只是头尾出场或中间串场，即如以其命名的这部戏，主角（正末）也不是宋江，而是李逵。各剧都是宋江派人下山执行任务，或是某人出于其他原因下山而展开剧情（如《燕青博鱼》是燕青下山治眼，《豹子和尚自还俗》是鲁智深自行出家）。从叙事学角度看，宋江本人不是一个行动元，宋江和梁山俨然是一种组织的象征，宛如代表公义的神话存

《燕青博鱼》杂剧插图,明万历雕虫馆刊《元曲选》

在。如,剧中的梁山好汉往往有这样一句唱词或念白:"他若欺负你,来梁山告俺宋江。"

三、这些剧目大多叙说梁山好汉下山惩处"权豪势要、滥官污吏、不公之人"(多为衙内和地方官),剧中受欺负被凌辱的则是低级官吏、书生和普通百姓,如《双献功》之孙孔目、《争报恩》之赵通判和李千娇、《黄花峪》之书生刘庆甫夫妇、《黑旋风仗义疏财》之李慥古,等等;还有就是被官府认定勾结梁山之人,如《还牢末》之李孔目、《大劫牢》之韩伯龙、《闹铜台》之卢俊义。这些杂剧叙述的水浒故事,除《闹铜台》叙卢俊义之困厄,无一表现梁山好汉自身的冤情与苦难,这跟小说中的情形相去甚远。

这里，梁山好汉与之救助的对象，分明呈现为主体与他者的关系。

四、上述杂剧水浒戏中，表现个人与体制冲突的尖锐程度远不及小说，其中涉及家庭伦理关系和奸夫淫妇的不在少数。一个有意思的现象是，梁山好汉惩恶除奸亦往往堕入公案戏套路，这在《双献功》《燕青博鱼》《还牢末》《争报恩》《黄花峪》《闹铜台》几部戏中尤为明显。这是否可以说，在"替天行道"的行动纲领指引下，戏中主持正义的梁山好汉与其说是存心跟官府作对，不如说更多是弥补了官府和法律的缺位？

综上所述，水浒戏描述的梁山泊，既不像旧时史籍记述的"贼人"和"盗匪"，也不是近世史学家们所说的"农民起义"（显然没有土地与政权诉求），而是一个难以根据历史事况定义的江湖团伙。作为文学家戏曲家们想象的一种行为主体，宋江和梁山好汉以其江湖地位发挥匡时济世之功能，应该说符合受众的心理希冀和审美需求。比之后来的《水浒传》，这些剧目在表现个体苦难和反抗方面尚较欠缺，其独特之处在于，它们以边缘性叙事承载了那个时代某些基本价值理念。这跟龚氏赞序和《宣和遗事》的叙意有明显差异，却也将江湖道义作为匡正世风的伦理原则，这种低层次的"大水浒"叙事同样影响了后来的《水浒传》。

四

《水浒传》明显丰富和提升了水浒叙事的美学层次。小说首先将苦难移植于梁山泊人物自身，由个体命运写出整个体制的毁坏。倒霉的个体不是农民和底层百姓，而是原本体面的军官们。从王教头私走延安府开始，一些遭受欺凌或路见不平的军官接连反出体制，鲁智深、林冲、杨志、武松、花荣、秦明、黄信……虽说各人境遇不同，却各自有着不见容体制的故事。体制毁坏自然是由内而外，但小说不可能检讨内在的理则，却以"破落户"作为恶势力标签：高俅—西门庆—牛二，这条从上到下的黑色锁链，成了整个国家黑社会化的隐喻。

在军官们出离体制的同时，庄园主亦相继登场，史进、柴进、晁盖、孔明、孔亮、穆弘、穆春、李应、扈三娘，他们的庄园是通往江湖的中介。当然还有宋江。宋江兼有双重身份，既是体制中的筲吏，也有着自家的庄园；他原非江湖中人，而江湖上人称"及时雨""呼保义"，表明他在民间秘密社会中有广泛影响。梁山泊聚义的一百零八人，主要就是这三种人：军官、庄园主和江湖上的游兵散勇。宋江几方面都有号召力，作为中枢人物再合适不过。

小说前半部分是一个聚合过程，每个人带着自己的冤屈和仇恨，揣着大碗喝酒大块吃肉大秤分金银的憧憬，逾越现实的樊篱，奔向现实社会之外的乌托邦。对比杂剧水浒戏的惩恶除奸，小说中那些充满反抗意味的"小水浒"叙事不仅是多了跌宕起伏的情节描述，丰富了作品的艺术表现力，更重要的是提供了指向自我的主体观照；像林冲风雪山神庙、武松血溅鸳鸯楼那些故事场面，亦更有一种趋向极值的美学张力。

当然，聚义的目标不是喝酒吃肉分金银，否则跟一般江湖混混没什么两样。《水浒传》的格调之所以大大高于许多充满打打杀杀的旧小说，是因为它有着超越恩仇快意和个人欲念的乌托邦想象。小说第六十回是一个分界线，由此"小水浒"转向"大水浒"叙事。这一回中，晁盖身亡，宋江坐了梁山第一把交椅。于是分拨各寨，安排座次，宋江有一段很长的就职讲话，其中似乎不经意地提到一句——"聚义厅今改为忠义堂"，这话大有名堂，由"聚义"变为"忠义"，实在是提出一个具有使命感的目标。所以，李卓吾评容与堂百回本于此提醒读者："改聚义厅为忠义堂，是梁山泊第一关节，不可草草看过。"

官方制度的失败，暴露了国家政治架构中"君君臣臣"的逻辑舛讹，故而书里后半截一再强调"忠义"二字。可是，"忠义"二字恰恰亦是悲剧根源，由反抗转向救赎的变调显然过于理想化了。宋江脑子里并无改造社会的新思维，只是以江湖道义链接儒家仁义忠恕的政治伦理，实际上亦是一种"好人政府"构想。

问题在于，一个与政府对抗的江湖团伙忽然纳入官军序列，一群亡命之徒成了"替天行道"的国家栋梁，这本身形成一套僭越性话语。反过来对梁山众人而言，接受朝廷招安亦违背江湖规则，至少也是一种屈辱。所以，排座次之后的菊花会上，武松、李逵带头闹事，鲁智深也直言反对招安。宋江是两头不讨好，但执意要将招安进行到底。当鲁智深以染黑的直裰比喻满朝奸邪——"洗杀怎得干净"，宋江却坚信终有"云开见日"之时，因为他深信道义的力量，能够凝聚梁山众人的江湖道义大抵也能改变这个国家。

五

晁盖没有活到天罡地煞聚合之日，否则梁山泊不会被招安，也就没有后来替朝廷安内攘外那些征战。过去评论《水浒传》有一种说法：宋江搞投降主义，晁盖才是革命派。但不知是否有人这样想过，如果梁山一把手依然是晁盖，他会成为黄巢还是朱元璋？

其实二者都差得远。晁盖格局不大，第十四回出场时介绍，之所以被人称作"托塔天王"，是因为夺了邻村的镇

柴进簪花入禁苑，明刊袁无涯本插图

妖宝塔。这种以邻为壑的争斗，很像是村坊恶霸的做派。晁盖到死了还是那么谵妄自大，弥留之际嘱咐宋江说："若那个捉得射死我的，便教他做梁山泊主！"将梁山弟兄们统统驱入一己复仇之路，这是何等狭隘。在小说布局中，晁盖只是过渡性人物（在龚氏画赞三十六人名单中，晁盖排在倒数第三），作为一个占山为王的角色，此人实在没有更多内涵。小说家刻意回避了宋江与晁盖的观念分歧，甚至没有写到他俩有任何龃龉，这很奇怪。是借以表现宋江的谦和与忍让，还是不愿重复梁山内部讧争的故事？

当初晁盖等人上山被王伦拒绝，是林冲火并王伦，才让晁盖坐了头把交椅。这事情通常被解读为王伦心胸狭窄而咎由自取，其实说白了也是江湖上的弱肉强食。做事讲究章程的宋江不会如此取代晁盖，宋江那种自信，那种恢宏的襟怀与局度，来自江湖道义奠定的合法性。必须指出，正是这个合法性使得水浒叙事中两套话语得以无缝对接。否则，那一百零七人何以听从宋江，顾及国家的事情？那些人不会听人讲政治讲大局，那里边有放赌为生的石勇、使枪棒卖药的薛勇、十字坡卖人肉馒头的张青孙二娘夫妇、揭阳岭上开黑店的李立，还有浔阳江上劫财的张横张顺兄弟、以盗马偷鸡为营生的段景住和时迁……

也许，真正理解与赞同宋江招安意愿的只有柴进一人。作为庄园主和周世宗嫡派子孙的柴大官人是另一个具有领袖气质的人物，犹似孟尝君、信陵君一类，他很早就在经营江湖社会，王伦、林冲上梁山是他赍发盘缠银两，困踬于途的宋江、武松也在他这儿落脚。他跟宋江一样也想要改变这个社会，可是早期梁山的草莽模式完全不入轨道。第七十二回，柴进潜入宫苑，在睿思殿屏风后看到御书四大寇姓名，心中暗忖："国家被我们扰害，因此时常记心，写在这里。"柴进割下"山东宋江"四字带回来给宋江看，相对嗟叹不已。

宋江往东京赏灯，是想绕过官僚科层寻求与朝廷对话的途径，而此行亦流露出他内心重返社会的渴望与躁动。如此直达天听，无疑又是对体制的僭越。有趣的是，正是这些相与啮合的矛盾——造反、僭越与忠君互为因果的悖论关系，构成"大水浒"叙事话语的内在逻辑。

六

宋江征辽途中参谒二仙山，罗真人给出"忠心者少，义气者稀"等八句法语（第八十五回），这是宋江悲剧的一个伏笔。翦除方腊之后，辉煌很快坠入寂灭，最后卢俊义和宋江相继被奸臣用御膳御酒毒死。一切又回到了原点，这个国家依然是冠履倒施，依然是"大贤处下，不肖处上"。作为政治想象的"替天行道"，终而被历史的黑暗所

二仙山宋江参礼罗真人,明刊袁无涯本插图

吞噬。小说后三分之一的叙述少有亮点,只是为完成整个叙事意图而敷衍故事。然而,正是这种悲剧结局,给一个臆构的话语事件赋予了历史真实感,给世人带来更多的想入非非。

林冲、杨志的悲情让人唏嘘不已,但是不能给人梦想与期待。王权体制之外自有生路,可说到底江湖亦是无奈之局,如果说主流社会的权力秩序堪称牢狱,那么江湖社会亦何尝不是一种禁锢。宋江给弟兄们指出一条赦罪招安的道路,将道义置换成忠诚,可是最后发现忠诚的语义并不是忠诚。就像鲁智深夜闻钱塘江潮信,以为战鼓擂响,无地彷徨之际总是迷失于似是而非的话语歧路。

"小水浒"与"大水浒"叙事范式不可能截然剥离,在进入"大水浒"叙事的后六十回中,也不乏"小水浒"叙事相与缠结,其中自然包括反面事例。譬如,王庆的身世几乎就是林冲的折叠。林冲的厄运是高衙内觊觎其娘子,王庆却让权宦闺秀倒追而惹祸上身,于是都被缉拿而刺配牢城。在牢城里他混得比林冲还惨,到头来也像林冲一样少不了杀戮与夜奔的戏码。走投无路的王庆想要投奔房山落草,人家不肯收留,便杀了原先的寨主廖立,复制了林冲火并王伦一幕。在睿思殿屏风上,宋江的名字旁边写着王庆,还有田虎和方腊。他们的路径与宋江背道而驰,形成一种反向折叠,按现今学院派说法也是共生共谋关系。

林冲水寨大并火，明刊容与堂本插图

相生，相异，相克，也算是必要的话语配置。

　　从李贽到金圣叹，乃至梁启超，士人谈论《水浒传》，喜欢比之于司马迁之《史记》。彼此性质、体式大相径庭，怎么偏能扯到一起（还有，为什么不是两汉书三国志）？其实水浒叙事只是附会若干历史情形，跟史实相去甚远。但《水浒传》那种"八方共域，异姓一家"的乌托邦想象之中，确乎隐含以江湖融合庙堂的叙史立场，这跟太史公书中关注草根力量、彰扬"任侠"和"养士"的观念约略相近。司马迁作陈涉世家，作孟尝君、平原君和魏公子诸传，又以刺客、游侠为仁者义者之言，无疑亦是着眼于王权体制之外的应世之道。

鲁智深夜闻钱塘潮信,明刊袁无涯本插图

《太史公自序》里边与壶遂的一番对话很有意思。壶遂问其撰史之义，是否也像孔子作《春秋》"垂空文以断礼义，当一王之法"。太史公则谓："余所谓述故事，整齐其世传，非所谓作也，而君比之于《春秋》，谬矣！"司马迁修史的意图不在于"当一王之法"，在他看来，历史之合法性不止于庙堂和郊祀，也在山林草泽风雨雷霆之中。宋江的跨界政治是打破体制樊笼的另一种尝试，结局如何都无所谓了，其构想的政治伦理合法性才是最重要的。

二〇一七年五月二十日记

原刊《读书》二〇一八年第一期

第三讲

从山林到廊庙

——梁山泊的礼治之道

一

从前听街坊闲汉讲《说唐》，有天下十八条好汉之说，自然按武艺高下排名，依次为：李元霸、宇文成都、裴元庆、雄阔海、伍云召、伍天锡……现在记不全了，好像罗成排第七位，大名鼎鼎的秦琼仅排第十六位，大概最后一位是单雄信。这种量化排名很契合孩童的简单思维，那时看三国小人书，最大的兴趣就是给那些武将搞排行榜。《三国演义》本身并未排列武将位次，但民间素有各种排行榜，如谓"一吕二赵三典韦，四关五马六张飞……"其实吕布以下都有争议，而十几位以下似乎更难见高下。可是谁曾想，现在网络上的排行榜搞得更热闹，甚至排到一百名开外。

然而，同样冷兵器时代叙事，同样注重个人武艺武功描述，《水浒传》无论如何搞不出这样的排行榜。梁山泊倒还明确排定座次，却不能按武艺高下做此量化考核。因为，梁山中人与外人打斗通常是一次性解决问题（如，鲁智深之于镇关西、武松之于蒋门神），除此少有可供战绩分析的交叉循环战例。更难办的是，梁山高手之间的较量总是未见分晓。

譬如，林冲上梁山时要纳投名状，碰上失陷花石纲的杨志，两人斗了四五十合，"正斗到分际"，却被王伦叫停（第十二回）。杨志杀牛二后发配到大名府留守司，梁中书要抬举他，便使演武试艺，先赢了周瑾，却与索超斗得难分难解，五十余合后被旗牌官喝止（第十三回）。后来在二龙山遇上鲁智深，一言不合就在林子里放对，斗到四五十合也是不分胜负，却是鲁智深觉察不对，先住了手（第十七回）。

再看林冲与呼延灼阵前厮杀，"枪来鞭去花一团，鞭去枪来锦一簇"，两人斗到五十合之上，不分胜负，然后就各自回阵（第五十五回）。同样，孙立与呼延灼对阵，一个单手使竹节钢鞭，一个双手使水磨八棱钢鞭，斗到三十余合，双方大队人马却似大水漫岗般攻来，二人亦未见分晓（同上）。

没羽箭张清擅飞石打人，初与梁山对阵一连击中十五

张顺活捉高太尉,明刊袁无涯本插图

员大将,那是人家不适应他这怪招,后来跟双枪将董平相遇,二人只是打了个平手(第七十回)。之前董平与徐宁交战,斗到五十余合也是不分胜负,宋江怕伤了二人便鸣金收军。

梁山一百零八人里边,也许武艺最强要算是卢俊义。宋江死活要赚他上山,要将自己的头把交椅让给他,就是看中此人"一身好武艺,棍棒天下无对"。不过,他是否真有那么厉害并未得到验证。第六十一回,卢俊义先后与李逵、鲁智深、武松、刘唐、穆弘、朱仝、雷横等人交手,各人虚应两三回合便向林子里退去,那是吴用的战术安排。后来曾头市活捉史文恭算是大功一件,可并未真枪实刀干过一仗,对手乃落荒而逃落入伏击圈而已。

以上都是一百零八将里边天罡之数,自是最具战力的一拨。但在各自武艺上边,书中每每刻意描述为难分伯仲。当然,纯论格斗与器械功夫,三十六天罡并非都在同一档次。譬如若干水军头领,陆战本领大抵略逊一筹。但书中不乏水战情节,像阮氏兄弟和李俊、张顺那些人都在水上大显神威。

梁山好汉排座次并不只看武艺高下。像宋江、吴用、柴进都不以武艺见长,宋江自道"文不能安邦,武不能附众,手无缚鸡之力,身无寸箭之功"(第六十八回),可他偏是坐了头把交椅,他靠的是江湖上的人望,能够服众的领袖范儿。另外，吴用作为军师，不能操戈上阵自亦无妨。公孙胜能呼风唤雨，戴宗能日行八百里，可谓特殊人才（或具有特异功能）也都在天罡之数，而且排名不低。他们自然不宜跟其他人去较量拳脚和枪棒功夫。另外，燕青也是一种异类，他不是那种阵前厮杀的角色，论相扑却是天下第一。这人还有机警伶俐的特长，最后是他在徽宗那儿讨得招安诏书。

至于七十二地煞，更有许多不以武艺见长的技术人才，如：萧让（文书）、金大坚（篆刻）、乐和（音乐）、安道全（医士）、皇甫端（兽医）、孟康（船匠）、汤隆（铁匠）、侯健（裁缝）、曹正（屠宰）、凌振（火炮）、时迁（飞檐走壁）、蒋敬（钱粮出纳）、朱贵、朱富、孙新、王定六（酒店管理），等等。作为一个规模庞大的武装集团，这些五行八作的行家里手各有其用。一百零八将中安排这些专业角色，乃于武艺之外开通技艺一途，这不啻多元化的社会分工思想，孰优孰劣不能做简单比较，隐然透见石头剪刀布的逻辑。

二

《三国演义》写刘备进位汉中王后，即封关羽、张飞、赵云、马超、黄忠为五虎大将，谁知关羽竟大为不满——

"黄忠何等人，敢与吾同列？大丈夫终不与老卒为伍！"尽管五虎居首，关羽还是觉得跌份了。像这样愤愤不平的计较地位，未见于梁山好汉中间。晁盖一干人上山后，林冲火并王伦，梁山头领重新排定座次，林冲请晁盖、吴用、公孙胜坐了前三位，还要再让刘唐，在晁盖等劝说下才坐了第四位。此后每有若干好汉上山入伙，都会重新排定座次，却从未因为摆不平而产生龃龉，更未有谁像关羽那样发飙。唯独有过争议的一回，是宋江要将头把交椅让于卢俊义，结果被众人劝住。

显然，《水浒传》是着意营造梁山众人和衷共济、互相谦让的气氛。直至第七十一回，受石碣天书，原来各人位次都是天数，故而有谓："天地之意，物理定数，谁敢违拗？"小说家借故上苍早已分定，完全摒除了梁山内部争位夺利的可能性。甚至，梁山众人之间很少产生矛盾与纷争，有数的几次好像皆由李逵做事鲁莽而起。一次在沧州弄死小衙内，朱仝要跟他拼命（第五十二回），一次是误信宋江掳了山下刘太公女儿，回到山上就跟宋江翻脸（第七十三回）。当然，闹到最后只能以李逵负荆请罪收场。这都并非因权力、地位而引发的内讧。更重要的是，宋江与先后两位搭档晁盖、卢俊义的关系颇为融洽，大小事项均无分歧。其实各人性情相异，抱负亦自有别，彼此竟从未有过嫌隙和抵牾，这也显出小说家之用心。在擅长描写窝里斗的古代小说戏曲叙事中,像《水浒传》这种情形要算是一个少有的例外。

还有一点很特别,梁山一百零八人不曾有谁背叛山寨。《三国演义》以蜀汉寄托恢复汉室之大义,也算是一种政治理想,所以蜀汉阵营少有内讧,亦少有投敌者。不过,也有傅士仁、糜芳、孟达数者投敌,诸葛亮死后还有魏延之叛。《水浒传》则是写了一支更纯粹的队伍,梁山泊是天意安排的大聚义,故团体内部不讲个人利益,标举"各无异心,生死相托"(第七十一回宋江语),乃将一百零八人抟捏成不可离间的整体。

按说梁山一百零八人之构成相当复杂,有来自庄院的庄主和仆从,有逼上梁山或被俘被赚入伙的官军将领,有杀人越货的不法之徒,有亡命江湖的各色人等……所有这些人凑到一起,组成一个和谐而有序的武装组织,这本身就是一个非常出奇的想象。而且,以梁山泊为主体,又兼并整合少华山、二龙山、桃花山、清风山、对影山、饮马川、白虎山、黄门山、枯树山、芒砀山等各个山头,其人员如此杂然凑泊,内部居然并未出现各立山头、派系纷争的混乱局面,可见小说家心中自有某种理想主义构图。

梁山泊能够凝聚众多好汉,自然有一种力量,以宋江人格为标志的江湖道义是一个基本因素。面对当日"冠屦

忠义堂石碣受天文，明刊袁无涯本插图

倒施，大贤处下，不肖处上"（容与堂本卷首李贽语）的政治腐败和社会危机，个人反抗自是无济于事，因而便有啸聚山林的集体行为。然而，当松散的隐秘状态的江湖社会变身为公然割据一方的军政实体，单纯的行侠仗义的江湖伦理已难以统辖人心，其内部关系必然受到外部因素影响，正是梁山泊与官府对峙的现实处境，构筑了自身的理想化图景——《水浒传》无疑是将民间造反上升为具有意识形态内容的政治行为，因为反抗的理由就是这种想象的合理性——他们远比那些庙堂之士更具仁义之心，远比帝国官僚体制更切合儒家政治伦理，远比主流社会更趋光明。所以，他们有了"替天行道"的责任与使命，亦渐而革除了某些黑社会属性的江湖陋习（如劫掠平民、掳获妇人等）。

梁山泊的存在已然放大了正义与公平的诉求，故而《水浒传》将熟人圈内的江湖人情变成了"四海之内皆兄弟也"。书中这句话先是出自少华山陈达之口，史进不肯让他们从自己村里过路，陈达用这话晓以大义，听着语感有些突兀，像是一套江湖切口。后来鲁达亡命之际受赵员外恩助，深表感激，赵员外也用这话回应，客气话里套着春秋大义。其实这话出自《论语·颜渊》，子夏跟司马牛说："君子敬而无失，与人恭而有礼。四海之内，皆兄弟也。"小说是暗用儒门故事，这看似不留痕迹的修辞大有深意，内中潜台词不啻是说光靠鲁达鲁智深这样的独行侠解决不了问题，革弊除奸从根本上说是要建立礼治之道，需要一种更有涵容的政治情怀。《水浒传》竭力以兄弟之谊建构梁山泊内部关系，自然是要打造一个可以作为礼治标本的儒家理想国。

三

梁山好汉排定座次后，书中有一篇赞语，称道梁山泊的好处——

八方共域，异姓一家。天地显罡煞之精，人境合杰灵之美。千里面朝夕相见，一寸心死生可同。相貌语言，南北东西虽各别；心情肝胆，忠诚信义并无差。其人则有帝子神孙，富豪将吏，并三教九流，乃至猎户渔人，屠儿刽子，都一般儿哥弟称呼，不分贵贱；且又有同胞手足，捉对夫妻，与叔侄郎舅，以及跟随主仆，争斗冤仇，皆一样的酒筵欢乐，无问亲疏。或精灵，或粗卤，或村朴，或风流，何尝相碍，果然识性同居；或笔舌，或刀枪，或奔驰，或偷骗，各有偏长，真是随才器使。……

从帝子神孙到猎户渔人、屠儿刽子，通常以为其中必然有着互为主体的阶级鄙视链，但《水浒传》恰恰相反——不仅将这些人组合成一个和谐社会，而且"随才器使"，各尽所能，这简直就超越了古代先贤构想的大同世界。在儒家经典中，"大同"只是一个理论概念，而《水浒传》则在某种程度上勾勒了一幅趋近完美理想的具体图景。

所以，清末学人多以为《水浒传》表达了一种"社会主义"理念与组织形态。梁启超论及此书，相当注意其政治内涵，乃谓："有说部书名水浒者，人以为萑苻宵小传奇之作，吾以为此即独立自强而倡民主、民权之萌芽也。"（《小说丛话》）南社作家黄人认为："水浒一书，纯是社会主义，其推重一百八人，可谓至矣。自有历史以来，未有以百余人组织政府，人人皆有平等之资格而不失其秩序，人人皆有独立之才干而不枉其委用者也。山泊一局，几于乌托邦矣。"（《小说小话》）另一位南社作家王钟麒也说："生民以来，未有以百八人组织政府，而人人平等者，有之惟《水浒传》……观其平等级，均财产，则社会主义之小说也。"（《中国三大小说家论赞》）

梁、黄、王这些人生于风云激荡的年代，处在新学旧学交替之际，他们敏感地意识到《水浒传》的文学想象中包含着极为重要的政治伦理思维，亦即多少带有莫尔《乌托邦》描绘的那种社群形式和群己关系。

英国人托马斯·莫尔大约一五一六年完成了具有空想

共产主义思想的《乌托邦》一书，从时间上说，那是中国明朝武宗正德年间，大约在《水浒传》成书一个半世纪之后。《水浒传》的理想主义相当超前，虽说不如《乌托邦》那么完美与彻底，却也不像后者那样悬空结撰。这个中国式的乌托邦想象附会于实际的历史背景（故有"讲史小说"之称），完全融入了中国传统社会语境，且以北宋末年内忧外患的苦难现实为背景。从叙事学的观点来看，《水浒传》从现实语境中建构一个上下有序却是彼此平等的乌托邦，要比莫尔的乌托邦更具挑战性，因为进入了那个具体情境，便绕不开制度、习俗、伦理以及社会关系等诸多历史因素的制约，这样的叙事无疑面对一大堆技术上的麻烦。

虽说《水浒传》的"社会主义"因素早已被人认识，但晚近大半个世纪以来研究者们很少从这个角度去探讨这部小说的叙事旨趣。这大概是因为梁山泊的"社会主义"与当代中国的社会主义实践相去甚远，执于此念难免陷入理论定义的种种缪葛。除此，还有一个重要原因，就是梁山泊的招安问题。宋江的"替天行道"不以改朝换代为目标，而是寻求与宋王朝的妥协与合作，按过去的说法这是革命的不彻底性，或曰"投降主义"，这跟被赋予革命含义的社会主义完全不是一码事。

确实，梁山泊的"社会主义"是一种很特别的东西，它整合了古代思想资源中关于平等与仁爱的理念，以及包括凝聚民间良知的江湖道义,其中还有司马迁在《史记》刺客、游侠列传中描述的那种舍生取义的忠诚和勇敢。综而观之,这已经超越了儒家先贤描述的政治秩序与社群伦理的理想模式。自然是由于历史局限,它不可能构想出具有现代性的民主社会与国家政治形态。上引赞语最后有一句"休言啸聚山林,早愿瞻依廊庙",即明确宣告,这种江湖社会主义只是希冀在原有的王权体制内进行道德和政治改良。

四

梁山内部唯独产生分歧的一桩大事就是招安。

石碣天书之后的菊花会上,乐和唱着宋江作词的《满江红》,唱到"望天王降诏,早招安"一句,武松、李逵便闹将起来。武松叫道:"今日也要招安,明日也要招安去,冷了弟兄们的心!"李逵踢翻桌子,大喊:"招安,招安,招甚鸟安!"还有,鲁智深也反对招安,他不认为梁山的道义能改造满朝奸邪——"就比俺的直裰染作皂了,洗杀怎得干净?"书中没有明确交代还有哪些人反对招安,却是远不止这几人。第七十五回太尉陈宗善来招安时,阮小七偷换御酒,以使众皆哗然,而这时吴用的态度则比较暧昧。送走陈太尉,大家回到忠义堂上,宋江指责众人"性躁",吴用便说:"哥哥,你休执迷!招安须自有日,如何怪众弟兄们发怒?"

也许,真正明白宋江苦心孤诣的只有柴进一人。关于柴进,笔者在《"小水浒"与"大水浒"》一文中已有分析,此不赘述。他知道宋江并不满足于眼前这个乌托邦小社会,回归社会才是治国平天下之正途。

梁山泊之所以未因招安歧见而产生分裂,宋江能以道义服众是其根本原因。小说有限度地暴露了梁山内部矛盾,却刻意回避了江湖道义能否融入和改造王权体制的思想交锋。李逵等人的阻挠,吴用的犹豫和延宕,只是招安进程中些许不谐之音,小说家以写实笔墨描述这些事况之同时,却已大大简化了此中的曲折。这样处理是不欲破坏梁山泊的团结与稳定,一方面是作为礼治社会的题中应有之义;另一方面亦是彰显招安议题的"政治正确"。

从整个叙事过程来看,招安的结局并不美好。征方腊之后,梁山众人只剩得二十七人返回京师,最后宋江、卢俊义又被御酒毒死,终以英雄凋零而收场。其实,宋、卢二人即使能善得其终,以朝廷封授的楚州、庐州安抚使身份,也不可能对整个体制产生任何政治影响。"替天行道"这个口号是一种耐人寻味的模糊性语言——如果落实到九天玄女所谓"辅国安民,去邪归正"云云,招安之后的征四寇已充分实现了他们的使命;然而,这本来亦是以天理

梁山泊菊花之会，明刊袁无涯本插图

神駒太保戴宗

妙裝扈三娘

豹子頭林冲

一丈青扈三娘

呼保義宋江

智多星吳用

行者武松

青面獸楊志

小捲毛朱進

天道改造现实政治秩序的命题，"八方共域，异姓一家"是何等美妙的社会建构，梁山泊的礼治轨辙中已将江湖道义与古代圣贤的大同理想熔于一炉，可是这理想的标本非但未能从山林推向廊庙，最终还上演了卸磨杀驴的一幕。

梁山泊的悲剧自然在于理想与现实的巨大反差，同时也暴露了儒家先圣设计的礼治社会之虚妄。以"君君臣臣父父子子"为纲常的制度安排看上去很美好，但现实情形多半是"君不君，臣不臣"的失序状态，以致反抗与杀戮一直在反复延续。儒者所谓礼治之道，最要命的是缺乏必要的纠错机制，贫瘠的土地上只能是野草疯长。

按笔者关于"小水浒"与"大水浒"的叙事分析，这部小说有两套互为表里的话语系统：一者是林冲、杨志、武松等人带有冤情和反抗的个体叙事，借以申述造反的正义性；一者是宋江以道义和忠诚营造的乌托邦情怀，通过招安表达了一种自我救赎的愿景。前者是顺理成章的江湖传奇，后者却是一幅踬碍难行的政治路线图。宋江不欲与朝廷继续对抗，似乎是从忠义堂前的江湖礼治中看到某种希望。什么是"替天行道"之真义？归根结底，是要打破反抗与杀戮无限循环的怪圈。

由于二十世纪以来形成的特定语境，《水浒传》的救赎思想很少为研究者所注意。即如鲁迅这样伟大的智者，对这部小说也有所误识，他一篇杂文中批评说："因为不反对天子，所以大军一到，便受招安，替国家打别的强盗——不'替天行道'的强盗去了。终于是奴才。"(《三闲集·流氓的变迁》)这段话也许不能作为鲁迅的学术意见，但在以往的水浒评论中被人反复引用，论证宋江的招安只是"欲做奴隶而不得"而已。其实，书中写得很明白，宋江决意与朝廷合作，并不是迫于"大军一到"的军事围剿。相反，招安被提上日程恰在两赢童贯、三败高俅之际，其时梁山军事上完全占了上风。当然，小说对梁山好汉过府冲州的战斗力大有夸张之笔，以其描述的情形，要说灭了宋王朝也足有那种实力，难怪李逵屡屡叫嚷要杀去东京。

从山林到廊庙的叙事逻辑让许多读者颇感困惑。为什么不杀去东京？换一个角度，这问题或可作另一种表述：为什么要让强盗从良？譬如，金圣叹就不愿看到招安的一幕，他假托古本删削水浒，删掉的就是招安以及之后的征四寇部分。按胡适的意见，金本《水浒传》定格于梁山与官府对抗状态的前七十回，用意便是"深恶宋江等一班人"(《水浒传考证》)，这说法看似有些牵强，不过，胡适也觉得这里出现了意图谬误，因为这样一来，倒更像是"褒"强盗而"贬"官府，与其本意相去愈远。但金圣叹顾不了那么多，如果说造反即是忠诚，强盗等于忠良，那么"君君臣臣"的王权秩序岂不更是乱套？

梁山泊分金大买市,明刊袁无涯本插图

反对"瞻依廊庙"的不唯李逵等梁山头领，高俅那些朝中奸佞则在另一头阻挠招安。其实，高俅并非一概反对招安政策——他征讨梁山泊调集王焕等十个节度使，无一例外都是被招纳的绿林中人（第七十八回："这十节度使，旧日都是绿林丛中出身，后来受了招安"）——他只是反对接纳宋江和梁山泊。因为梁山泊标榜道义和忠诚的政治伦理戳中了他的软肋，"替天行道"最直接的意思就是矫正失序的朝纲，随着反抗者的道义合法化，怕是冠履倒施的政治生态又被颠倒过来。

受招安的造反者替官府去打别的造反者，历史上多有其事，只是并无梁山泊这样"替天行道"的造反者。作为想象的产物，这般叙事不啻礼失求诸野的沙盘推演。从山林到廊庙，宋江所想的不是彼可代之，而是一厢情愿要成为国家之栋梁，并以升级版的江湖道义改写儒家的礼治精义。建构这样一种理想，自有知其不可而为之的悲剧意慨。

二○一八年十一月二十三日记

原刊《读书》二○一九年第二期

第四讲

牢狱与江湖
——《水浒传》的司法叙事

一

《水浒传》一书中,牢狱是一个重要场景,书中最重要的个人叙事几乎都包含一段牢狱经历,像林冲、杨志、武松、宋江、戴宗、解珍、解宝、雷横、朱仝、柴进、史进、鲁智深、卢俊义、石秀这些梁山好汉都先后身陷囹圄,权力法网中的挣扎无疑生成意味无穷的叙述张力。其实,黄泥岗劫生辰纲的晁盖等七人本来也难逃牢狱之灾,是宋江及时通风报信才得以走脱。其中唯独白胜遭厄,那是之前就被拿在济州大牢里了。白胜之被捕,恰恰凸显《水浒传》语境中的法网森严。

书中第十八回,济州府缉捕使臣何涛领命往郓城县侦破生辰纲一案,最初获得的线索虽说有其偶然性,却是一种必然结果。谓之偶然，是何涛偏巧有个赌徒弟弟何清，因筹措赌资在城外客店意外发现案犯踪迹。其必然之由，则是官方颁行的旅店入住登记制度，早已布设了一张大网。书中借何清之口有详细交代：

> 为是官府行下书文来，着落本村，但凡开客店的，须要置立文簿，一面上要勘合印信；每夜有客商来歇宿，须要问他：哪里来？何处去？姓甚名谁？做甚买卖？都要抄写在簿子上。官司查照时，每月一次，去里正处报名。

何清曾替店家填写旅客登记簿册，记得六月初三来了七个推着江州车儿的客人，自称从濠州来贩枣子，为首却是东溪村晁保正，这未免让他心生疑窦。次日与店主去村里赌博，又遇担桶过路的白胜……这些线索拼凑到一起，成为何涛侦案的突破口。如此详尽的旅客登记备案，辅以群众专政的"首告"律例，完全不输于现代社会的治安／反恐监控机制（所差只是技术设备）。这并非小说家臆构，是熙宁变法以来实行连坐切结的"保甲法"的衍生制度。北宋末年虽是奸佞柄国，整个国家却以申韩之术为治道，各级政府防盗维稳自有妙招。小说中的郓城县实是一个模范典型，为打造平安祥和的法治社会，在奉法循理的知县时文彬治下，俨然形成上下齐抓共管的综合治理态势。

朱仝、雷横二人原是郓城县里专管擒拿贼盗的都头，时文彬上任后连乡村治安也要他们管起来，不许有丝毫懈怠。第十三回写朱、雷夜间带领士兵出城巡逻，时文彬指挥二人出东西二门"分投巡捕"。为防止敷衍塞责，又命往东溪村采撷山上特有的红叶来县里呈纳，以证明确曾巡逻到该处。赤发鬼刘唐来投奔晁盖，夜宿村外灵官寺就被雷横逮住（其实只是"齁齁的沉睡着了在供桌上"）。如此风声鹤唳，足见防盗反恐这根弦绷得紧紧的。当然，郓城县左近有梁山泊贼盗聚众打劫，加强本地治安力度并不奇怪，可是再看小说其他各处描述，官家的法网绝不只是郓城县格外严密。

譬如第二回中，王进不奈高俅欺压，携母逃离东京，高俅得知，"随即押下文书，行开诸州各府，捉拿逃军王进"。官方通缉的惯例是"画影图形，明写乡贯年甲，到处张挂"，简直就像公安部A级通缉令。在交通、信息并不发达的古代社会，如此行开诸州各府，需要调动充足的警力和包括街坊大妈在内的综合治安力量，而书中的描述无疑显示当局法治手腕和执行力。随后第三回中，鲁智深在渭州打死镇关西，逃窜到代州雁门县，那十字街口已张挂捉拿他的榜文。第四十三回写李逵上梁山后回沂水搬取老母，行至县城西门外，一簇人正围观捉拿他和宋江、戴宗的布告——如果不是让朱贵拦下，这莽汉"正待指手画脚，没做奈何处"，几乎自投罗网。

伴随着"画影图形"的通缉令，往往是辖区内大范围搜捕。第三十一回中，武松逃出孟州城，在张青家里将息数日。可是眼看风声渐紧，张青只得让武松乔装行脚僧人出逃，去投奔二龙山宝珠寺。有曰："如今官司搜捕得紧急，排门挨户……"这里所谓"排门挨户"就是拉网式搜索（刑侦术语曰"排查"），至今仍是警方追缉逃犯的常用手段。再看第一百三回，王庆杀了牢城管营，越城而逃，官方即从城里搜到城外，乃至"各处乡保都村，排家搜捉"。王庆后来横行淮西，被受了招安的宋江给灭了，先前亦颇受缧绁之苦。

最倒霉的是宋江，杀惜之后在江湖上东窜西躲已流落大半年，青州村店途遇寄书的石勇，竟误信老爹已殁急急回家奔丧。不料前脚刚进门官军后脚就赶到，"四下里都是火把，团团围住宋家庄，一片声叫道：'不要走了宋江！'"本来，宋太公寄书诓宋江归家，是听说朝廷册立太子大赦天下，以为法网松弛而心存侥幸。这下被逮个正着，结果刺配江州。在江州宋江还另有一劫，就是浔阳楼上题反诗，让黄文炳举发（法网之中更有文网）。由刑事犯搞成政治犯，事情更麻烦，宋江要被押往东京。吴用劫囚车一计不成，后来闹出江州劫法场一幕。其后的情形更见雷霆手腕——第四十二回，宋江上了梁山即回家搬取老父，不料郓城乡下的宋家村已被当地警方监控。他潜入村子伺伏到夜里去敲自家后门，宋清拦住说："你在江州做了的事，这里都知道了。本县差下这两个赵都头，每日来勾取，管定了我们，不得转动，只待江州文书到来，便要捉我们父子二人，下在牢里监禁，听候拿你……"于是，未进家门又被一路追杀。

江州一出事，二千里外的郓城即刻响应，跨区域警务联动机制果然厉害。

二

决杖，黥面，配役——按《水浒传》叙事，便是判处重犯的固定套餐。比之凌厉的刑侦和缉捕手段，大宋王朝的刑狱之法似乎显得窳败和混乱。通览《宋史·刑法志》记述的种种案例，实在是极度繁琐，且朝三暮四，宽严甚远，鞫狱并无刑名之理。宋初制定折杖之法，流刑犯人以脊杖折抵流徙，配役一年至三年不等（"折杖"之配役通常并不远配）；而徒罪只以笞杖解决问题，一般决而不役。但熙宁新政后重施重典，像林冲、武松、宋江、卢俊义、王庆诸案，即便不是发配远恶军州，也在千里以远。不过这几位罪名大抵属于"贷死"（免于杀头的死罪）或"加役流"（流刑中最重之例），其量刑曰轻曰重亦难以分说。

高俅设局制造了林冲误闯白虎堂的冤案，本拟杀头治罪，只因当案孔目有心回护，结果脊杖二十，刺配沧州牢城。这个判决没有给出服刑期限，似乎遇赦才能回家，可是看情形倒未必就是永刑。林冲上路之际，其丈人张教头安慰道："今日权且去沧州躲灾避难……老汉家中也颇有些过活，便取了我女家去，并锦儿，不拣怎的，三年五载，养赡得他。"所谓"三年五载"并非漫无期限，却是没个准确日子。同样，杨志、武松、宋江、朱仝、卢俊义的刺配也都不提刑期，量刑轻重在于脊杖多少，流配一千里、二千里还是三千里。

林冲"手持利刃，擅入节堂"大不了是"行凶未遂"，而杨志、武松、宋江都确有命案在身。杨志在东京杀了没毛大虫牛二，本来是死罪，因天汉州桥下街坊怜其为民除害都为之申述，办案推司将款状改为因斗殴而"误伤人命"，断了二十脊杖，刺配大名府留守司充军。开封到大名府不过数百里，从流配距离来看，这桩命案判得最轻。之所以轻判，除了民意求恕，牛二是光棍一条，家里没有"苦主"也是一个因素。

武松是两度被刺配。前一回因杀了西门庆、潘金莲，被判脊杖四十，刺配二千里外。武松杀人轰轰烈烈，搞得很有仪式感，自有街坊同情。县官和府尹念其仗义刚烈，亦将招稿卷宗改得轻了,两条人命都改作斗殴致死,府尹还通过刑部熟人关系保其性命。后一回情形完全不同,武松在孟州被张都监设局陷害,按了盗窃银器的罪名,脊杖二十,刺配恩州牢城。比之自己上回,比之杨志、宋江等人,想来盗窃银器与杀人行凶未可等量齐观,但判下来的结果亦庶几相垺。孟州的轻罪重判自有原因:一则他已有罪在身,属于"罪上加罪";二则是张都监那一干人要把他往死里整。如果不是施恩使着银子上下打点,当案孔目有意回护,很可能定为死罪。其实,那时盗窃亦是重罪,唐末五代对此罪量刑尤为苛峻,宋初趋向宽弛,但太宗时定下的规矩是"(窃盗)十贯以上乃死"(《宋史·刑法一》)。张都监往武松的柳藤箱子里塞入的"赃物"足以抵得一二百两银子,让他死上十回也够了。这样掂量过来,武松发配到恩州倒是轻判。

宋江一案也是知县和府尹做了手脚。不但是因为他名声好,满县人都替他去说情,而且宋太公不断往衙门里赍送银两,金钱更是左右司法之力。因而,知县心里"也有八分开豁他",依准他"误杀"的招供,案情背后一切都未予追究。脊杖二十,刺配江州,对宋江来说已是最好的结果——他老爹说:"我知江州是个好地面,鱼米之乡,特地使钱买将那里去。"作为从轻量刑之依据,"误杀"自然是最好的托词。不论从当日人情或是司法角度看,武松杀西门庆、潘金莲是为兄报仇，杨志杀牛二自有为民除害之社会效果，都有可宽宥之理。但宋江杀惜就没有这些说道，因为被害人并非十恶不赦。实情是那婆惜捏着晁盖书信大肆要挟，弄得宋江一时杀心顿起，此中原委只是不能拿到衙门里去说——暗通梁山泊本身就"担着血海也似干系"，透露出去更是个死。

　　人家为兄报仇、为民除害，都有社会认可的正当性，但宋江的正义性恰恰不能言之于理，只能编造一个"误杀"的理由。这无疑生出一个悖离的命题：一方面是与官方法理相对立的江湖道义，一方面是竭力掩盖案情真相的弥天大谎。后来浔阳楼"题反诗"被押在牢里，宋江又企图以装疯规避法网。面对国家伦理与司法体制，正义或道义只能包裹在谎言之中，这种叙事策略之合法性在于一个是非颠倒的现实语境，也就是李卓吾在《〈忠义水浒传〉序》中所谓"冠履倒施"之义。所以，宋江手刃一个弱女子（尽管刁钻泼辣，也还是个弱女子），却并不有损其仁义形象，因为许多道理都要倒过来看。所以，在《水浒传》语境中，谎言是恪守道义，造反是忠君报国。

　　所有这些卷入官司的好汉中，最无辜的是卢俊义。他被吴用施计赚上梁山，虽不肯落草却被管家李固告了官府，一回到北京就落入圈套。卢俊义的冤案是梁山/官府/奸人三方共谋与互动的结果。宋江、吴用是想断其后路，逼他上山,这是利用法网广开江湖之门。李固是想让卢俊义死,买通押狱要在牢里动手。岂料柴进花更大价钱搞定上下关节,留得卢俊义性命,判了脊杖四十,刺配三千里。这量刑竟比林冲、杨志、武松、宋江等人都要重,只因为牵扯到梁山敌对势力,便成了弥天大罪,用现在的话说就是"颠覆国家政权罪"。这么说,没掉脑袋已属轻判——后来押解途中燕青救主未成,官府拿获卢俊义便要当街开斩(这又引出石秀劫法场和众好汉攻打大名府,自是后话)。

从林冲到卢俊义,这一系列官司案牍书写了"逼上梁山"的完整注脚。

三

无论轻判还是重判,《水浒传》诸案无一例外都以刺配处置,总须留下当事人性命——小说中这些重要人物自然不能过早出局,人家后边还有戏码。

但是不杀头并不等于真的是从轻发落,毕竟远途流配本身就是极为严酷的刑役。至于其法之酷烈,《宋史·刑法一》有称"道路非理死者十恒六七"。卢俊义被流配沙门岛(今山东长岛县大黑山岛),其实就跟死刑相差无几,按《刑法三》说法:"罪人贷死者,旧多配沙门岛,至者多死。"另据《续资治通鉴长编》卷一八八,沙门岛所能收纳的囚犯有限,岛上以"逐旋去除"的办法控制数额,如嘉祐间京东转运使王举元呈报:"登州沙门岛每年约收罪人二三百人……如计每年配到三百人,十年约有三千人,内除一分死亡,合有二千人见管,今只及一百八十人。"可见抵达岛上也只是缓期的死刑。所谓"逐旋去除",据说是将超额的活人扔进海中,如宋人周煇《清波杂志》卷二:"旧制:沙门岛黥卒溢额,取一人投于海。"

即便是九死一生,徒配的判处仍不能让高俅、张都监、李固这些人放心,所以他们都买通差人在途中动手。这种私刑几乎也成了国家司法体制的一个组成部分。漫长的押解路途确实提供了买凶害命的便利,但反过来说也是逃脱或获救的机会。林冲在野猪林几乎丧命于董超、薛霸的水火棍,却让鲁智深给救下;武松配往恩州,途中不等差人动手就先把对方给干了。流徙之途是牢狱与江湖的双重空间,难免出现搅局和翻盘。

进入流配程序意味着法治权力的多元化。董超、薛霸既代表国家法度,又兼营黑道勾当,这是体制与体制衍生功能之集合。可是从鲁智深大闹野猪林开始,董薛之辈已被解除权力,流徙者的命运逐渐由另一种力量所掌控。宋江解往江州途中,经过梁山泊被晁盖款留一日,虽不肯上山入伙,实际上已是人在江湖。此后的行程跌宕起伏,真正将宋江抛入杀人越货的山林草泽。揭阳岭上在李立店里险遭暗算,揭阳镇上被穆家兄弟追杀,浔阳江上又遇张横打劫……这一路步步惊心,又是步步逢凶化险。宋江此际尚不肯出来混,却有另一种力量将他推上老大的位置,那就是江湖上人称"及时雨"的美誉,这名声就是一种道义,托付着救赎的责任。因而在抵达江州之前,宋江已将道上的散兵游勇整合规饬,如李俊、李立、童威、童猛、薛永、张横、穆弘、穆春等人纷纷投其麾下,还有后来结交的戴宗、李逵和张顺。

其时梁山势力已经渗入江州牢城,戴宗就是吴用的眼线。

四

经过艰难困顿的长途跋涉,只有少数犯人能够抵达指定的刑役地——牢城。

书中先后出现的沧州、孟州、江州和陕州牢城,就是宋代流配罪犯的囚禁之地。所谓牢城,亦称牢城营,是宋代厢军之一种。沿五代之制,宋代流配犯人通常编入军伍,故曰"充军"。《宋史·兵志三》所列"熙宁以后之制",厢军建制中就有"牢城"一目,在河北、河东、陕西、京东、京西、淮南、江南、荆湖、广南、四川等各路诸州均有设置（唯两浙路和福建路不设牢城）。可以说，这是一种混合牢狱与军营性质的管制方式。

观察《水浒传》人物的牢城生活，那里边似乎不像是监狱模样，至少是监管松懈。林冲被安排在天王堂内烧香扫地，行动并不受限。宋江进了抄事房做文书工作，重操胥吏本业，时不时还跑去江州街衢酒肆消遣。武松在孟州牢城的待遇显然更好，因为管营的施家父子看上他的好身手，要用他对付蒋门神。当然，别的犯人并非都有这份待遇，林冲和宋江是用银子买通了人情。差拨得了林冲的银子便来向他卖好："你看别的囚徒，从早起直做到晚，尚不饶他；还有一等无人情的，拨他在土牢里，求生不生，求死不死。"（第九回）

武松每日被好吃好喝伺候着，竟纳闷别的囚徒为何不像他这么自在——

> 武松那日早饭罢，行出寨里来闲走，只见一般的囚徒，都在那里担水的，劈柴的，做杂工的，却在晴日头里晒着。正是五六月炎天，那里去躲这热。武松却背叉着手，问道："你们却如何在这日头里做工？"众囚徒都笑起来，回说道："好汉，你自不知，我们拨在这里做生活时，便是人间天上了！如何敢指望嫌热坐地？还别有那没人情的，将去锁在大牢里，求生

不得生,求死不得死,大铁链锁着,也要过哩!"(第二十八回)

根据这里描述的情形,牢城大抵就是一种劳改营,囚犯中各色人等待遇不一。有的在露天里做苦役,有的被关在土牢里,像林冲、武松、宋江这样的大概只是少数。还有,王庆在陕州牢城也能自在出入,那是龚正替他贿赂了管营。不过,王庆在里边过得相当窝囊,姓张的管营每日差他买办食用供应,却不支付现银,他赊不了账,回来只能挨打(两腿都打烂了)。不堪欺凌的王庆后来将管营给杀了,就在人家内宅门口下手,这情形差似林教头风雪山神庙一节。犯人能有行凶之便,自然是有其活动空间。王庆的凶器是一把解手尖刀,当初林冲杀陆虞候也是用的这家什——都是从街上买的。

林冲、武松、宋江还有王庆,能够自在出入牢城,自然是为了铺展故事的需要。不过书中对此有充分提示——林冲是有柴大官人照应,武松被施恩认作兄弟;宋江更有戴宗等人维护(背后有梁山泊)。唯独王庆没有强势后援,好歹不受人身限制。应该说这些都是个例,但文学偏是以个例吸引读者眼球。林冲、武松复仇行义也好,宋江酒后孟浪也好,以及王庆窬墙的月黑之夜,真是大开大阖而扣人心弦。所以,事情难免给人这样一种错觉,好像牢城不存在强制性的封闭管制。

也许，套用福柯的说法，牢城真正是一种"全景敞视"监狱（panopticon）。尽管这不是边沁设计的那种带有中心瞭望塔的环形建筑，似乎也缺乏监视功能——在这里金钱与人情往往模糊了监管者与被监管者的界限。然而，就活动空间而言，《水浒传》描述的牢城很像是福柯所讲到的规训体制的普及状态，即从封闭的规训、某种社会"隔离区"扩展到一种无限普遍化的"全景敞视主义"机制（《规训与惩罚》第三部分第三章）。

其实，即便不是强制性的封闭管制，也并非不存在规训与纪律。譬如，林冲在野猪林遇救时就能逃脱，却依然载饥载渴远赴沧州服刑，而武松和宋江也是甘愿服法。原本谁也没有想利用出入方便逃脱司法制裁，如果不是陆虞候、张都监、张管营们非要置人于死地，林冲、武松、王庆们绝不会反抗与逃逸。《水浒传》没有越狱的故事，倒是有梁山泊两度劫法场，一次是江州救宋江，一次是大名府救卢俊义，而宋江和卢俊义恰恰是最不愿意与国家体制对抗的恂恂之士。宋江是"自幼熟读经史"，包括忠义节孝在内的一整套儒家祖训正是其日常功课，早已成为内心之戒律。当初宋江被押往江州时，他老爹千万叮嘱："你如今此去，正从梁山泊过，倘或他们下山来劫夺你入伙，切不可依随他，教人骂做不忠不孝。此一节，牢记于心。"这类细节足以说明，规训体制

林教头风雪山神庙，明刊袁无涯本插图

并不仅限于权力与牢狱，很大程度上依仗于乡绅、宗祠、村塾、乡规乡约和保甲制度所行使的职能。从《水浒传》叙事中可以看出，十二世纪的大宋王朝已经形成"无限普遍化的全景敞视主义"的规训机制，而福柯认为欧洲十七、十八世纪才进入所谓的"规训社会"。

韩非曰："道在不可见，用在不可知。"诚是法治精髓之义。

不管怎么说，《水浒传》描述的牢城显然具有相当开放的特点，这不仅是为了满足叙事要求，也带有隐喻性的暗示：牢城不一定就是实体的集中营，其边际模糊，形廓不定，可以无限普遍化而无限延伸，甚至江湖草泽亦在其覆盖之中。

五

宋代是否有封闭式监狱，这是一个有趣的问题。《水浒传》书中经常出现"收在监内""押在牢里"的言语，是指衙门临时监押未决犯人的牢房（犹似看守所），而长期服刑的犯人通常是远途押送至某地牢城。不过，《宋史·刑法三》提到神宗时一项狱政改革方案：

或患加役流法太重，官有监驱之劳，而道路有奔亡之虑。苏颂元丰中尝建议："请依古置圜土，取当流者治罪讫，髡首钳足，昼则居作，夜则置之圜土……"时未果行。崇宁中，始从蔡京之请，令诸州筑圜土以居强盗贷死者。昼则役作，夜则拘之，视罪之轻重，以为久近之限。许出圜土日充军，无过者纵释。行之二年，其法不便，乃罢。大观元年，复行。四年，复罢。

苏颂元丰初曾权知开封府，断狱聪察，吏治精敏。他动议设置的"圜土"，就是古时的监狱。《周礼·地官》："比长各掌其比之治。……若无授无节，则唯圜土内之。"郑玄注："圜土者，狱城也。"《释名·释宫室》："狱，确也。……又谓之圜土，土筑表墙，其形圜也。"很难说这种圜形监狱是否具有"全景敞视"功能，但相比牢城，显然是一种封闭式监管。此法后来两度施行两度罢置，所谓"其法不便"，似乎难以解释。在州府本地设置监狱，至少比远途流配便于操作，又大大节省司法成本（《水浒传》中押送一个流配犯人须两名差人，司法成本更是离谱）。也许弃置"圜土"的真正原因是规训机制已经无限扩展，而且治安权力已经渗透整个社会机体。既然全体国民已处于自律和互相监控状态，封闭的监狱自然意义不大。刺配一千里、二千里或是三千里，更使司法的规训与惩罚获得广袤的空间意义，这也是"普天之下，莫非王土"之注解。

开放式（或是半开放式）的牢城何以不怕囚犯逃逸，除了全社会的监控网络之外，也有另一种技术手段作为保证，那就是刺配犯人都有黥面印记。黥面又称"金印"——第八回中说："原来宋时但是犯人徒流迁徙的，都脸上刺字，怕人恨怪，只唤做打金印。"不过所刺并非金色字样，而是涅以黑色。金印本指官府之印，这是表示官府的判决。黥面之法古已有之，但作为防止逃逸的手段，大约缘自五代军营。苏洵《兵制》有谓："及于五代，燕帅刘守光，又从而为之黥面涅手之制。"因为牢城纳入军伍编制，流配的犯人自须照此办理。洪迈《容斋续笔》卷五"唐虞象刑"条亦称："国朝之制，减死一等及胥吏兵卒配徒者，涅其面而刺之，本以示辱，且使人望而识之耳。"

既是"望而识之"，这种脸上刺字的人就很难在社会上行走。武松去投二龙山时，孙二娘将他打扮成行者模样，就是要使头发遮住脸上的金印。宋江去东京看灯之前，早让神医安道全将其脸上的涅墨都点去了，书中第七十二回于此有详说，其法似亦麻烦。那些黥面者用这种医术去除脸上斑痕的，除了宋江，只是一个王庆。

有趣的是，领命侦破生辰纲一案的何涛脸上也被刺了字，刺了"迭配……州"字样。府尹限时破案，留着空白等候发落（其实府尹知道自己脸上同样留着空白，若此案

行者武松，明陈洪绶水浒叶子

不破，"我非止罢官，必陷我投沙门岛走一遭"），可见警匪一体陷于无限普遍化之法网。

六

从某种意义上说，梁山泊也是一处"全景敞视"的牢城，这里聚集了林林总总的逆法之徒。梁山众多好汉最生动的叙事皆纠缠于"罪"与"罚"，或是"义"与"法"。其中有林冲、卢俊义这样的冤主，有鲁智深、武松一类以暴制恶的行义者，更有宋江、柴进、花荣、朱仝、雷横诸辈甘为江湖道义而徇情枉法。如果说晁盖等人是以不法手段取不义之财，那么也有不少人干着毫无道义的犯罪勾当，像李立、张横、张青孙二娘夫妇这些人平日里就专事杀人越货。所有这些戴罪之身集于山寨，起初只是逃避官方缉捕。山寨里虽说尽可"大碗喝酒，大块吃肉"，后来亦有"替天行道"的精神自慰，却是困于一个封闭的乌托邦。

宋江决意要去东京赏灯的时候，他内心的躁动流露着重返社会的渴念。自上山以来，宋江一直申明"权居水泊，专等招安"，是要给弟兄们指一个方向。他深怀救赎的心愿，要为弟兄们寻找一条体面的出路。诚然，宋江的"替天行道"可以说是一个行动纲领，是对官僚体制（不是皇帝）合法性的否定，更是申明重建伦理秩序的政治诉求。可是，宋江并没有任何改造社会的新思维，就连改朝换代之念亦丝毫不存。结果"替天行道"成了"替天子行道"，实际上则是苟且于官僚体制。他与体制的合作非但不能改变任何官场积弊，而回到王道秩序还必将消解自身的合法性。譬如招安之后，梁山大军奉诏伐辽，中书省派员在陈桥驿发放酒肉，那些谗佞之徒依然克减朝廷恩赏，结果惹怒了项充、李衮手下一个军校，把那厢官给杀了。这样的反抗，本是梁山聚义的合法性所在，但此时回到法治轨道的宋江已不能容忍部下的"旧时性格"。

"陈桥驿"是颇具象征意义的地名。当年赵匡胤正是在此发动兵变，而有大宋三百年江山；现在宋江却于此地挥泪斩小校,且将自己的队伍带入无边的牢狱之国。

中国小说中讲述司法公案和民间造反(教科书多谬称"农民起义")之事,以《水浒传》一书最为出色,所描述的江湖势力也最浩大。书中以北宋末年为背景,跟实际历史情况形成有趣的反差,真实的宋江和方腊都不成大气候,远远不逮陈胜吴广、黄巢、红巾、李自成和太平天国,甚至不抵绿林、赤眉、瓦岗一类。说来大宋王朝"攘外"不行,"安内"却很有一套,在中国历史上宋代是唯一未由内乱导致垮台的王朝,即如两晋藩王门阀之乱亦不曾有过。这就让人奇怪,文学叙事中声势最大的民间造反竟来自一个相对和谐社会的历史原型。

文学未必是现实的直观反映。旧籍中"宋江以三十六人横行齐魏"之说,只是语焉不详的虚夸之辞,而小说将梁山军事力量极度夸大,这使得反抗的意义在接受层面上又被无限放大。可是如果忽略了《水浒传》的救赎之道,实在不能解读作品真义。反抗,在这里首先要联系个体命运去理解,整个官场腐败不等于全社会已是干柴烈火。其实,这部小说并未着意描述民间疾苦,反倒不时渲染民丰物阜、祥和安定的社会景况(仅宋江元宵赏灯就写了三次:清风寨、大名府和东京),这种《清明上河图》式的画境不能说是有意粉饰太平,"市列珠玑,户盈罗绮"的繁盛市井何尝不是王道秩序和规训机制的肌理与织体;而从另一方

陈桥驿挥泪斩小校，明刊袁无涯本插图

洪太尉误走妖魔，明刊袁无涯本插图

面看，如此描绘跟江湖社会相对应的生活之景，亦恰恰映衬着局外人的悲凉。作为一种"反抗—绝望"的叙事模式，《水浒传》是以不能实现的救赎表达中国人陷于心狱的心灵挣扎。

小说开篇洪太尉误走妖魔是一个简单而深刻的隐喻，后来凑齐一百零八将的石碣天书又将他们一网打尽——不管他们是星宿还是妖魔。这个类似犹太传说的所罗门瓶子的故事，以幽囚者的双重身份，在聚散交替中暗示中国人的精神轮回。

写于二〇一四年十二月

原刊《书城》二〇一五年二月号

第五讲

宋江上山

一

老话说"逼上梁山",但《水浒传》里真正被逼无奈上山落草的就那几个,林冲、杨志、鲁智深、武松,之前史进也算得一个。史进因暗通少华山"贼人"被官府追杀,乡里已无容身之地。且说起初还不肯落草——"我是个清白好汉,如何肯把父母遗体来点污了?"史进跟朱武那伙人喝酒吃肉称兄道弟,却不愿和光同尘混迹其间,可见上山为盗是莫大的污名。当然,逼上梁山的还有宋江。那些人里边,宋江上山的道路最为艰难曲折。

自第二十一回杀阎婆惜之后,宋江就开始了流亡生涯——辗转柴进、孔太公庄院和花荣的清风寨,终究被青州官军捕获。幸赖清风山燕顺等人搭救,逃过一劫。继而又有秦明、黄信归顺,几股人马合成一伙,宋江俨然已是这帮人的老大。面对官军征剿,宋江决定带领弟兄们去梁山泊投奔晁盖。可是转而又生变故,途中遇上投送家书的石勇,说是宋太公已殁,宋江便撇下众人回家奔丧去了。

宋江跟王伦、林冲不一样,不是从柴进庄院直奔梁山,而是几番迂回,绕了老大一个圈子才上山入伙。书中不厌其烦叙述这些,用以揭示其无地彷徨的心路历程。前脚刚迈出去后脚就退回来了,这个世界只要给他一点点念想,他绝不肯出离社会去啸聚山林草泽。

宋太公其实没死,赶上册立太子大赦天下,以为杀惜之事不再被追究,便让宋清写信将他骗回家来。宋太公最担心这儿子成了绿林匪贼——"我又听得人说,白虎山地面多有强人,又怕你一时被人撺掇,落草去了,做个不忠不孝的人。"可没想到,宋江回家当晚,宋家庄就被官军围了。宋江被押往县里,又解送州府,脊杖、刺配自然免不了。宋太公花钱买通官员,给宋江发配到鱼米之乡的江州。临行前,老父谆谆嘱咐:"你如今此去,正从梁山泊过,倘或他们下山来劫夺你入伙,切不可依随他,教人骂作不忠不孝。此一节,牢记于心。"果然,差人押解宋江路过梁山泊时,他们就被劫持到山上。晁盖亟劝宋江入伙,宋江坚决不干,非要去江州服刑。他说:"前者一时乘兴,与众位来相投,天幸使令石勇在村店里撞见在下,指引回家。"这话说得有些尴尬,先前青州一段,好像成了迷途羔羊。

初到江州宋江没吃多少苦头,牢城管制不严,况且有戴宗照应。但想半生虚掷,又被黥面发配到这里,自是无比郁闷。"潜伏爪牙忍受",亦实在难以忍受,浔阳楼题反诗竟惹大祸,被通判黄文炳检举下狱。梁山方面得知宋江罹此厄难,伪造蔡京文书使将宋江押送东京,打算途中截人,可惜此计又被黄文炳识破。这下几乎进了鬼门关,江州蔡九知府决意就地斩决。接下去便是梁山泊好汉劫法场,上演大闹江州一幕,将宋江从鬼门关里拽了回来。

闹江州又灭了无为军,这是梁山泊第一次攻掠州府的军事行动。事情搞大了,这回宋江顾不得"不忠不孝"的污名,终于跟着晁盖回梁山泊,算是正式入伙。这是小说第四十一回叙说的事情,从杀惜到此已整整二十回,除去叙说武松的"武十回",其余十个章回基本上就是叙述宋江从流亡到上山的整个过程,其间一波三折,情节跌宕起伏。对宋江来说,上山落草只是人生下下策,无路可走的无奈之举。

二

上山落草不一定是无路可走的选择,往往亦是不安分的生命躁动。白衣秀士王伦科场失意即游走江湖,由柴进赍助银两,便去梁山泊拉起了队伍(据林冲说最早是杜迁

"得到这里")。既然不能进入赵宋王朝体制，王伦郁闷苦闷之中决然投袂而起。

晁盖、吴用等人投奔梁山泊可另作一说，虽说逃避官军缉捕，起因却是劫生辰纲一事。那是他们主动出击，以江湖手段"取不义之财"，不能说是被人家逼的。这种团伙劫掠的营生，即使未留有后手，跑路之后啸聚山林也是顺理成章的事情。

像宋江去江州途中遇上的李俊、李立、童威、童猛、张横那些人，原本就在江湖上从事打劫勾当，说到上山落草不用大费周章。梁山一百零八人中，这类角色不在少数。

从王伦到晁盖，意味着江湖社会从秘密状态转向公然对抗官府的造反行为。体制溃败无疑给出"揭竿而起"的合法性，那些被历史教科书称之"农民起义"的武装暴动历朝历代都有，却不一定都是农民起义。其中既有英雄失路之绝地反抗，亦不乏热血青年咸与造反，更有趁火打劫混吃混喝的一干闲汉。可是，从《水浒传》描述的情形来看，造反绝不是因为民不聊生，书中不曾出现饿殍遍野的景况，反倒是处处呈现一派《清明上河图》的繁盛画境。不必说大名府和东京那些大都市，即如孟州、蓟州、江州之类三四线城镇，甚或清风寨那种小地方，亦是民丰物阜的气象。小说演示的矛盾冲突主要在于体制内部，一切因官场弊恶而起，林冲、杨志们的走投无路并非反映民生疾

梁山泊好汉劫法场，明刊袁无涯本插图

苦,那些个体的厄难之所以被放大,是因为天下没有说理之处。在上是高俅、蔡京一班佞幸把持朝政,在下是郑屠、牛二、西门庆那些"破落户"祸乱市井,以致从上到下纲常颠倒,贤良受屈,也就是聚焦于古人所谓"贤"与"不肖"之对立。显然,小说家的叙事目标在于政治伦理方面的拨乱反正。

宋江不愿上山落草,是尚未感受到天下没有说理的地方。他的厄运是从杀惜开始,阃内之事没有道理可讲,杀人乃因招文袋内私通梁山的证据,这是他的"原罪"。作为帝国基层政府的县衙吏员,宋江处世练达,在当地人情社会乃至江湖上口碑极佳。他恪守儒家纲常,又深明江湖大义,其内心早已将扶危拯溺的江湖规则与所谓仁义忠恕的圣人教谕融为一体。之所以不惮风险私放晁盖一伙,不是他生有反骨,只是觉得这样做符合道义。道义也是硬道理。宋江是极有理性之人,掩护晁盖是不得已,却不至于自己也窜入山林。浔阳楼题反诗是他内心偶尔的躁动,他不能不意识到现实的荒谬,就是从那一刻开始,他真正跌入了那个无处讲理的黑洞,真正身陷囹圄之后,才终于转向体制的对立面。

梁山一百零八人中来自体制内的超过三分之一,其中多数是被俘或投诚的军官,计有秦明、黄信、李云、呼延灼、关胜、索超、宣赞、郝思文、韩滔、彭玘、单廷珪、魏定国、凌振、董平、张清、龚旺、丁得孙十七人,从书

宋公明私放晁天王，明刊容与堂本插图

里描述的情形看，这些人转变立场并不困难，因为他们深切感受到官家体制之暗昧。另外，花荣、雷横、朱仝、孙立、孙新等人，本身与江湖人士关系密切，投身绿林亦是机缘凑巧。当然，还有走投无路的林冲、杨志、鲁智深、武松、邓飞、孟康那几位，还有被赚上山来的徐宁（朱仝也算是被赚上山的一个）。这名单中还要添上施恩、戴宗、李逵、杨雄、裴宣、蔡福、蔡庆那些人，作为押狱、孔目和牢卒，他们原本亦是体制中人。

　　大批体制内人物反水，几乎都在一念之间，只是秦明在瓦砾场上有过一节踯躅。说起来谁也没有宋江的转变来得困难。

三

从流亡江湖到上山入伙,宋江这一路险象环生,可谓九死一生。去往花荣清风寨路上,他被清风山燕顺一伙逮住,差点被掏出心肝做了醒酒酸辣汤。离开了清风寨又落到老奸巨猾的刘高手里,押在囚车里要解往青州。解铃系铃都是燕顺那伙人,这是江州之前的生死场。后来发戍途中更是步步惊心,揭阳岭上被李立用蒙汗药麻翻,进了镇子又让穆氏兄弟追杀,浔阳江上几乎吃了张横的"板刀面"。在江州,题反诗惹下杀身之祸,如果不是最后被押上法场,又被梁山众人救出,他还不至于上山。

他何苦于此?他内心的苦楚有谁可知?古人做小说多用白描手法,主要以外在的形态、动作来描述人物,由事件发生的情节、细节推及内心世界——这既不像西洋小说那样擅用内心独白直抒人物心理活动,也不具有戏曲唱词那种自我倾诉功能,这就未能使读者直接窥见某些精神层面的东西。这种写法不能说尽是缺点,"不著一字,尽得风流",抑或自有含蓄之妙。显然,宋江内心世界的丰富性更在文本之外的衍生和扩展,亦即由阅读感受所生成的无形的文本。你可以说那是推测和想象。

霹雳火夜走瓦砾场(书中内文说是"巳牌前后",应是上午），那是一幅横尸遍野的空廓画面，感觉中清寂的马蹄声似乎由远而近，亦自传递出悲凉之中的百感交集。字里行间不见他是怎么想的，可内心必是翻江倒海。

梁山一百零八人中没有人比宋江遭受更多厄难。卢俊义也算大难不死，却没有宋江这般内心纠结，卢氏是被吴用的计谋绝了后路，更被妻子和管家所抛弃，人生之转圜不暇多想。可是，宋江的心思不只是"飘蓬江海谩嗟吁"，身处江湖之远却忧庙堂之君，只是忠良之辈都成了山林草寇，心中靳固不移的伦理纲常比照现实全是悖谬。

东奔西窜的流亡生涯有着太多的苦涩与辛酸，对宋江而言，这是一番自我救赎的历程。尽管已是几近崩塌的纠结，但书中几乎不让宋江内心活动形之于色（浔阳楼醉酒之际是一个例外），这是着意要塑造其老成练达的老大风范。于是，只有四处辗转的一路颠踬，看上去只是一个犹豫和延宕的过程。是困扰，亦是淬砺，如此方谓玉汝于成，这样的人物内心有着足够的坚韧，其信念亦足够坚强。

这个江湖上众望所归的人物，竟迟迟不肯与道上的弟兄们把臂入林，无疑是存有价值认同的差异。当然，他不是缺乏男子汉勇气，也不能说他是多么舍不得那种刀笔小吏的庸碌人生。宋江必然想过"大碗喝酒，大块吃肉，大秤分金银"背后的问题，那就是如何将造反纳入合法化的

浔阳江上宋江几乎吃了张横的"板刀面",明刊袁无涯本插图

叙事轨辙。正如娜拉走后怎样，宋江的问题是，上得梁山之后，他能做什么？其实，他还来不及想好，就被命运裹挟而去。

直至小说第四十二回，宋江于还道村受三卷天书，这才使他解除了那个心结，困扰已久的合法性问题总算得以澄清。九天玄女给出的"替天行道"四字，无疑是一个解决方案——"汝可替天行道，为主全忠仗义，为臣辅国安民，去邪归正。"正是这几句话，将梁山泊的江湖道义与古代圣贤制定的伦理纲常捏合到一处，使针对官场浊流的造反行为有了"替天行道"的合法性。

四

书中有一个缺省的情节常被人忽略，就是宋江并未将玄女天书一事禀告晁盖。宋江在还道村口被梁山众人接着，也不曾跟任何人说起玄女庙内的梦境。当然，天机不可泄露，玄女娘娘叮嘱过，三卷天书"只可与天机星（吴用）同观，其他皆不可见"。

宋江上山后坐了第二把交椅，晁盖依然是山寨老大，但在某种意义上晁盖已是局外人。作为行动指归的"替天行道"方案并未提交领导层讨论，宋江的方针是只做不说。或者，只是在招纳官军将领时做此申明：权借水泊避难，只待朝廷赦罪招安云云。如俘获彭玘、呼延灼、关胜，赚得徐宁上山，他都说过这番话。直到第七十一回受石碣天书排座次后，梁山顶上才竖起"替天行道"的杏黄旗。

晁、宋二人都是庄院主出身，都有"仗义疏财"的美誉，可是在江湖上宋江的名声要大得多，在山寨内部也更有影响力。书中一再出现这样的场景，那些好汉见得宋江，听说"及时雨"和"呼保义"的大名，忙不迭俯身跪拜。对于晁盖，则完全没有这等发自肺腑的敬意。小说家这样处理，似乎在二人之间埋下了某种罅隙，但书中偏偏不写两位首领有何抵牾（不能说没有丝毫分歧，如闻时迁祝家店偷鸡，便是各有掂量），维护着一种和衷共济的团结气氛。但从实际情形看，宋江颇有行事之便。

从宋江上山到晁盖曾头市中箭身亡（小说第四十二回至六十回），书中几乎没有叙述他们二人相处的情形。其间插入了若干游离山寨的叙事单元，如李逵沂水之行，石秀杀嫂和杨雄的故事，解珍、解宝入狱和获救，雷横打死白秀英和朱仝误失小衙内，李逵打死殷天锡，戴宗、李逵蓟州寻找公孙胜，时迁盗甲和智赚徐宁等诸多关目。这些章节之间，又接连穿插宋江指挥的多次军事行动，先后有三打祝家庄，破高唐州解救柴进，击败呼延灼又攻打青州，大闹华山救出史进鲁智深，芒砀山收服樊瑞一伙。这一系列征战晁盖都不在场。宋江上山以后，晁盖就没有什么戏

宋江遇九天玄女，明刊袁无涯本插图

码了,唯一出场是攻打曾头市那次,可是一上阵就挂了。不消说,这些正是小说家扬宋抑晁的春秋笔法。

  过去有一种意见,有谓宋江上山后蓄意架空晁盖云云,将小说叙事旨意视为宋江本人的手段,实为牵强之说。宋江旨在以江湖道义重述儒家仁义忠恕,哪里会施出这等手段?从水浒故事的起源和衍变来看,宋江的地位不容置疑。水浒元故事显然与史籍中"宋江三十六人横行齐魏"的记载相关,而晁盖的名字根本不见于史传。其实,早先在水浒故事雏形的《宣和遗事》里边,宋江就是梁山泊寨主,晁盖则在玄女天书的三十六人名单中,那些人统属宋江麾下。天书末后有一行字写道:"天书付天罡院三十六员猛将,使呼保义宋江为帅,广行忠义,殄灭奸邪。"再看现存几部元杂剧水浒戏,晁盖作为亡故的寨主只是被提及,而并未出场,可能在元剧时期就被摘除了。到了《水浒传》这儿,三十六人扩展到一百零八人,晁盖却不在其中,小说家是有意将他处理成过渡性人物。在《水浒传》成书之前的水浒叙事中,晁盖原本就没有多少故事,故而被整合到书中这个人物只能作为陪衬角色。

  晁盖弥留之际,当众吩咐宋江:"若那(哪)个捉得射死我的,便教他做梁山泊主!"这不啻剥夺了宋江继位的合法性。后来卢俊义捉得史文恭,宋江要让卢氏坐头把交椅,很难说是存心谦让,还是不得已的表态。当然,以宋大哥的威望，兄弟们不可能另择他人。

五

水浒人物中，宋江的身份很特别。作为郓城县一名衙吏，他刀笔精通，吏道纯熟，又好习枪棒拳脚。他在乡下有庄院，又在江湖上广结人缘，且年逾三旬不置家室（阎婆惜并非妻室）。这样的身份，这样的行事方式，不像是要安安稳稳过小日子。想想孟子"天将降大任于是人"那个著名的排比句："舜发于畎亩之中，傅说举于版筑之间，胶鬲举于鱼盐之中，管夷吾举于士，孙叔敖举于海，百里奚举于市……"如果一直排下来，则有宋江举于庄院和抄事房，在小说家看来，排到跟前就该是他了。纵观历朝历代，多半是像他这样苦其心志的乡镇青年主导历史走向。

小说第十八回，宋江出场时有一处介绍耐人寻味。济州府干吏何涛来郓城县捉拿晁盖等人，先找当天值日押司，正巧在县衙对面的茶坊碰见宋江，书里说："那押司姓宋，名江，表字公明，排行第三，祖居郓城县宋家村人氏……上有父亲在堂，母亲早丧；下有一个兄弟，唤作铁扇子宋清，自和他父亲宋太公在村中务农。"蹊跷的是，宋江排行第三，却不见说上边两个哥哥，只提及弟弟宋清。这不能不让人想到太史公笔下汉高祖刘邦隐晦的排行。《史记·高

呼保义宋江，明陈洪绶水浒叶子

祖本纪》避刘邦名讳，单称字"季"，乃暗指刘邦排行第三。司马贞《史记索隐》按："汉高祖长兄名伯，次名仲，则季亦是名也。"故元人睢景臣《高祖还乡》套曲干脆以"刘三"直呼高祖。这宋江被命名排行第三，不知是否比附那个伟大的刘三。有意思的是，征方腊归来，小说里也专门写了宋江还乡的一幕。

然而，宋江毕竟不是刘邦，他要做的是摧陷廓清，而不是改朝换代。南宋龚开（圣与）所作三十六人赞序，被认为是关于宋江的早期传说。赞序中第一个说的就是宋江，有谓："不假称王，而呼保义，岂若狂卓，专犯讳忌。"（周密《癸辛杂识续集》上）不知为什么，宋江的传说一经流行就定下了"不假称王"的基调。以江湖身份干预国家政治生活,俨然保义王家的"不二心之臣",这恐怕是当日士人所构想的一种角色。

宋江之造反,不同于陈胜吴广,更不像刘邦那样自立基业,而是打算在原有的王权框架内除弊兴利。

陈胜吴广乃至项羽刘邦,面临"天下苦秦久矣"之局,改朝换代自是必然之势。《水浒传》描述的社会状况则完全不同(那几乎就是一个丰裕社会),忧患一小半来自夷狄,更多的是来自当朝奸佞——冠履倒施,纲纪废弛,意味着最大的社会问题在于缺乏公平与正义。所以在宋江看来,重要的是如何"去邪归正",调整体制内的各种关系,而不是打碎旧政权再另起炉灶。

按书中描写,梁山军事力量屡压官军,攻城拔寨所向披靡,要推翻赵宋王朝似乎不在话下,至少亦足以建立一个地广人稠的割据政权。当然,这样推演完全脱离了历史背景,北宋政权不曾面对如此强大的反政府武装,更未亡于内乱。小说如此夸大山寨实力,显然是为了创造梁山泊与朝廷对话的可能性,亦在于强调宋江之忠义与不二之心。第八十回中,梁山泊击溃十路节度使进剿,还捉了高俅本人,由此展现宋江以德报怨的宽厚襟怀,表明与朝廷合作的诚意。忠义堂筵席上出现了燕青与高太尉厮扑争交的一幕,则是将绿林与官家置于同一平台的政治隐喻。这种意

燕青与高俅厮扑争交,明刊袁无涯本插图

念性叙事是针对历史或然性的另一种推演。北宋末年何曾出现宋江这样的人物,小说塑造这样一个颇具王者风范却并不觊觎王位的造反者,实是表达改良政治的构想。如此设事,亦乃宋元以后士人反省历史的一种认识。

早年在咸阳,刘邦目睹秦始皇出巡的威仪场面,不由叹曰:"嗟乎,大丈夫当如此也!"在会稽,项羽直视车上那个远去的背影,忍不住要说:"彼可取而代也!"太史公放眼芜野荒陬的风雨雷霆,刘项之辈放言彼可代之,实是一种初始化的英雄史观。

在江城,在浔阳楼上,宋江眺望夕阳西沉,感恨伤怀之际在粉壁上写下被认为是要谋反的诗句:"他时若遂凌云志,敢笑黄巢不丈夫!"这是表白什么?说是谋反并无根据,黄巢绝非他心目中的英雄,宋江蔑视那种成事不足的揭竿而起。日后上了梁山,他的目标是以江湖道义矫正伦纪纲常,补苴体制之罅漏,而自始至终可见"动心忍性,曾(增)益其所不能"的卓绝之迹。小说借此表达了一种特别的英雄史观。

六

小说第六十回,晁盖死后,改聚义厅为忠义堂,是一大关目。宋江的目标是要将江湖道义投射于"辅国安民"

的政治轨辙，具体说来就是走招安路线。之前，闹华山那回，为赚取御赐金铃吊挂，梁山众人将奉旨降香的太尉宿元景劫到少华山，宋江想起玄女娘娘有言"遇宿重重喜"，趁机向宿太尉传递了等候朝廷招安的意愿（第五十九回）。作为当朝主抚派大臣，宿太尉日后对促成招抚梁山泊起到重要作用。至第七十一回受石碣天书后，招安终于正式提上议事日程。然而，寄希望于高俅促成此事不啻与虎谋皮。从山林走向廊庙是一个颇为艰难的过程，不仅御前一班奸佞竭力阻挠，梁山内部亦是阻力重重，此中曲折不遑细述。

大半个世纪以来，关于水浒的讨论产生了诸多话题，对招安一事更是多有訾议。批评者究诘于所谓"投降主义"，自然是基于一种预置的主题论，即《水浒传》是一部反映农民起义的历史小说。让梁山好汉皈依朝廷，无疑篡改了造反者的正义叙事。早先，金圣叹腰斩水浒，是因为招安乃使强盗从良，这又翻了个个儿，成了英雄失节。一反一正，都完全固着于"汉贼不两立"的历史经验。

其实，这部大书既非描述农民起义，也不是一部具有史实依据的历史小说（不说别的，宋江事略见诸史书只是一鳞半爪，其他梁山人物更是于史无征）。而且，它不能说是一部传统意义上的现实主义作品，因为其叙事逻辑完全出于超越历史经验的某种构想。

说起来招安的名声确实不大好，这不仅是出于某种意识形态的批判，按民间常理也是一种"认怂"。江湖上讲究恩仇快意，革命斗争是你死我活，梁山好汉如此自毁前程确实让人心意难平。按小说描述，招安的结局最终是一出悲剧——梁山泊的江湖道义不仅未能改变官方的政治腐败，为朝廷攘外安内南北征战之后，到头来宋江、卢俊义还是死于奸佞之手。单就这个悲剧事况而言，其叙事逻辑倒是未能摆脱"狡兔死，走狗烹"的历史经验。

可是，如果不走招安道路，这故事就很难往下写了。既然，梁山泊实力如此强大，加之道义优胜，取代大宋王朝自是势在必然。真要按李逵所说，宋大哥做皇帝，卢员外做丞相，岂不成了毫无依凭的悬空叙事，那就太过离奇。其实，后人续貂的《水浒后传》就是相似的思路，不过那是去海外谋取王业，而非在国人悉知的朝代序列中强行加塞，倒也无甚大碍。其实，如果真正要显示梁山泊的反抗与斗争精神，自然也有合乎经验和逻辑的写法。那就是让这个江湖武装团伙始终处于劣势地位，且又死心与朝廷硬磕，或因内部分化而出现变故，最后被官军剿灭，也算是虽败犹荣。当然，那就不是《水浒传》了。

梁山泊叙事（尤其是作为"小水浒"的个人叙事）固然具有反抗意义，但这不是小说的主要内容。究其指归，整个作品的主旨，乃挣扎于愤懑与无奈之局，找寻出路而已。反抗只是一个方面，反抗之后如何，才是最终的命意。小说家采撷林林总总的江湖叙事而结撰成书，更多是着眼于救赎之义——梁山泊的救赎，宋江自身的救赎，乃至王权体制的救赎。当然，小说并不能给出光明而稳妥的道路，只是从"伏魔殿"扃闭的殿门被打开，儒家政治伦理根基开始动摇之际，个人或江湖群体的反抗叙事便有了重新定义的可能，按书中所述，亦即试图以治国平天下的名义找到出路。

所谓"替天行道"，首先是获得以江湖地位干预国家政治的话语权，这是一种很有意思的想象。书中搬出九天玄女，以神道设教，是在君权王权之上确立良知与道义的地位。

七

毫无疑问，按通常文学批评标准，宋江是《水浒传》刻画最成功的人物，其性格承载最为丰富，既有厚度，也有深度。但不可否认，这个人物并不讨人喜欢。不仅是由于招安的缘故（招安沦为悲剧有些自作自受的味道，亦且缺乏悲壮感），更有性格原因。

明刊容与堂本有李卓吾评骘梁山人物优劣，认为宋江"逢人便拜，见人便哭，自称曰小吏小吏，或招曰罪人罪人"，确实有些猥琐相。另外，也有"长厚似伪"的问题，鲁迅对《三国演义》的刘备就有这样批评，宋江亦大抵如此，尤其是一再要让位卢俊义，难免给人作秀的感觉。不过最主要的是，他缺乏英雄人物的果敢、威猛气质，而且作为山寨统帅，偏生武艺又不出众。这样说好像纯然出于孩童的游戏趣味和判断标准。其实，这恰恰是一个不能忽视的因素。对于《水浒传》这样内涵复杂的作品，早期阅读的理解程度和喜恶倾向是否会形成审美心理上滞留长久的片面印象（据笔者有限经验，大多数人初次阅读《水浒传》是在青少年时期），是一个值得研究的问题。

除了上述这些因素，从某种意义上说，宋江到头来仍是一事无成，天子身边那班奸佞依然一个不少，征方腊归来被朝廷打发去楚州做个无所事事的安抚使，多少有些嘲弄意味。旧小说中被人崇敬的英雄，不是豪迈爽直的勇武之辈，就是"一将功成万骨枯"的厉害角色，宋江却不然。其一生忍辱负重，终竟未成大业，梁山泊由辉煌到寂灭只瞬息而已。

可宋江认了，他早有盘算，上山就是为了下山。

写于二〇一九年一月

原刊《书城》二〇一九年六月号

第六讲

李逵下山

一

沂水县西门外，一簇人围在城墙边看榜，有识字的人读道："榜上第一名正贼宋江，系郓城县人；第二名从贼戴宗，系江州两院押狱；第三名从贼李逵，系沂州沂水县人……"李逵听到自己的名字，有些莫名的兴奋，从人群背后往前挤，"正待指手画脚，没做奈何处"，朱贵从后边将他拦腰抱住——这是《水浒传》第四十三回描述的一个场景。大闹江州后，李逵随宋江等上梁山入伙，官府通缉令即刻就到了他家乡沂水县。李逵这趟下山是回乡搬取老母，之前宋江已将老父接到山寨，公孙胜亦往蓟州探视老母。

这是李逵上梁山后第一次下山。宋江担心这莽汉路上有失，吩咐同是沂水人的朱贵尾随而去，因有以上一幕。

李逵此行故事颇多，先是撞上假冒自己剪径的李鬼，之后取来老母竟落入虎口，自己还差点阴沟里翻船。草舍斩李鬼小菜一碟，沂岭杀四虎动静闹大了。杀虎壮士不敢自报家门，见人自称张大胆，在山下村坊偏是被李鬼老婆认出。曹太公这边置酒相待将他灌醉，里正那边飞报县里来人捉拿。如果不是朱贵和他兄弟朱富及时得知消息，用拌了蒙汗药的酒肉撂倒解押的士兵，李逵这下就被人押入官府领赏去了。

闹江州以后，黑旋风大名不胫而走，不但官府通缉，江湖上也出现了冒名者，真是人怕出名猪怕壮。像他这样的走出去就惹来一堆事儿，按说就该老实待在山寨里。

二

可是，李逵就喜欢出去逛世界。不算随大队人马出动的数度征战，他独自下山，或是作为伴当跟从别人出去执行任务，前后不下八九次。在梁山众人中，李逵下山的次数最多，惹出的乱子也最多。

不说那回在沧州弄死小衙内，那是跟着吴用、雷横来劝说朱仝入伙，都是吴用的主意，好让朱仝绝了归路（第五十一回），可接下来高唐州的鲁莽出手就怪不得别人。殷天锡偏是找抽不假，李逵不管他什么来头，拳头脚尖一发上，那厮岂有活路。这一来，知府高廉派兵围了柴皇城的宅子，柴进只得让李逵逃去梁山泊。李逵跑路了，柴大官人却被囚入枯井（第五十二回）。起先，柴进劝说李逵不必跟人来硬的，以为家中放着护持的誓书铁券，依着本朝"条例"不怕跟高廉这小舅子打官司（天潢贵胄自是天真），李逵却说："条例，条例，若还依得，天下不乱了？我只是前打后商量。"他眼里没有王法，也不顾什么轻重缓急，拣好听的说那叫率性而至。李逵的革命合法性正是这"前打后商量"。

离开山寨，李逵倒有一种无羁无束的江湖快意。其实，他不应该上山入伙，依着本性他是那种东游西窜的独狼。早年，他在家乡犯了事，四处跑路，流落到江州。宋江被刺配江州牢城时，李逵是戴宗手下的狱卒。戴宗向宋江介绍说："这个是小弟身边牢里一个小牢子，姓李，名逵，祖贯是沂州沂水县百丈村人氏……因为打死了人，逃走出来，虽遇赦宥，流落在此江州，不曾还乡。"（第三十八回）在《水浒传》若干重要人物中，李逵的身世有些特别，他跟林冲、杨志、武松那些人不同，他不是由于个人冤情被拽入反抗之途，亦未必像鲁智深那样仗义行侠而惹祸上身。他在家乡犯下的杀人勾当，恐怕未是路见不平的惩恶之举，否则书中一定会述说备细。

对李逵来说，杀人不一定非有充分而正当的理由，该

神行太保戴宗，明陈洪绶水浒叶子

出手抑或不该出手，他不会细想此中的分际。打死高廉的小舅子只是来不及掂量后果，激愤中的鲁莽亦不失正义。不过，李逵的"前打后商量"，可以说是目标至上而不计手段之恶。宋江派神行太保戴宗去蓟州寻请回家探母的公孙胜，李逵死乞活赖要跟去，结果到那儿就上演了斧劈罗真人的一出，就因为人家不肯放回公孙胜（第五十三回）。其时梁山人马为解救柴进攻打高唐州，无奈受阻于高廉的妖法，李逵只想着搬来公孙胜破阵，谁敢挡路就灭了谁。李逵的想法很简单，但正义之中亦难免暴露人心之恶。

杀人之于李逵，像是捻死一只蚂蚁，却又不似，因为杀人更有快意。梁山泊攻破祝家庄时，扈成捉了祝彪要来见宋江,偏是遇着李逵。这边砍了祝彪,再抡起双斧朝他砍来,逼得扈成弃家而逃。这黑厮杀得兴起,直入扈家庄尽戮扈太公一门老幼。过后遭宋江一顿痛斥,折了他的功劳,他竟说:"虽然没了功劳,也吃我杀得快活。"(第五十回)

杀戮不仅作为手段,终而亦成目的,李逵图的是快活。他不能不逮着机会下山去寻找快活。第六十七回,大刀关胜去阻截凌州官军,吴用又命林冲、杨志等去策应。李逵按捺不住道:"我也去走一遭。"宋江不让他去,他说:"兄弟若闲,便要生病,若不叫我去时,独自也要去走一遭。"当夜就拿了板斧溜下山去。走得匆忙,忘了带盘缠,在山下酒店吃饭只能赖账。酒保拦住讨钱,李逵说以斧头抵押,对方伸手来接,未料斧头直冲面门劈去。李逵质斧不似杨志卖刀,是直取对方性命。那人是一心投靠梁山泊的韩伯龙,却不知这黑厮是煞星,未及入伙先做了冤死鬼。

三

自第五十三回伴随戴宗去蓟州开始,李逵几次跟其他头领下山,人家对他都提出限制性要求。戴宗的条件很简单,"须要一路上吃素,都听我的言语"。戴氏神行法途中必须吃素,李逵却自作聪明背地里大啖牛肉。戴宗不说什么,第二天上路,偏教他一路狂奔收不住脚步,直到再三求饶且作罢。

第六十一回,吴用去大名府赚卢俊义上山,李逵毛遂自荐要跟去。宋江说:"兄弟,你且住着!若是上风放火,下风杀人,打家劫舍,冲州撞府,合着用你。这是做细作的勾当,你性子又不好,去不得。"宋江说得没错,可李逵偏要去。吴用跟他约法三章:不吃酒,扮道童,装哑巴。这些苛刻的限制存心让人作茧自缚,却也捆不住他手脚。李逵进了客店就找茬,一拳打得店小二吐血。书中说:"于路上,吴用被李逵殴(按:殴,同怄,是气恼的意思)的苦。"好在吴用谨细小心,总算没让他惹出别的事儿。

第七十二回,元宵节宋江去东京赏灯,分拨柴进、史进、鲁智深、武松一干人几路下山。李逵一看没叫上自己就急了。他偏要去,宋江拗不过,只得带上他。吴用少不得叮嘱李逵:"你闲常下山,好歹惹事,今番和哥哥去东京看灯,非比闲时,路上不要吃酒,十分小心在意,使不得往常性格。若有冲撞,弟兄们不好厮见,难以相聚了。"话说的真是苦口婆心,李逵信誓旦旦保证绝不惹事。可是在李师师家中,看到宋江、柴进与那美色妇人对坐饮酒,不知怎么偏是气不打一处来。后来撞见杨太尉,李逵抄起把交椅就朝对方劈脸打去,这还不过瘾,索性放火行凶。这一番大闹东京,弄得宋江差点出不了城。

李逵枉杀韩伯龙,明刊袁无涯本插图

智多星吴用，明陈洪绶水浒叶子

第七十四回，相扑高手任原在泰安东岳庙设擂，燕青独自前往争交。不料李逵偷自下山，要陪燕青同去。燕青不想带他玩，那是四山五岳的大聚会，怕这黑厮被人认出。却又怕坏了义气，只得带他走一遭。燕青跟他约法三章：一、路上两人分头走，进了客店不要出门；二、到了泰安，在客店里装病睡觉，不能出声；三、庙会上看相扑，挤在人群里，不能大惊小怪。一路上把李逵憋屈坏了，好在平安无事，可最后在庙里无数看客中，李逵终究被人发现——"休教走了梁山泊黑旋风！"当燕青将对手扔下台口，李逵已在台下上演全武行。幸而卢俊义带着接应人马杀到，护着二人撤退。

戒荤，戒酒，不说话，不惹事，如此去本质化的李逵，岂不成了一个不存在的李逵？就像一具提线木偶，即便出入城邑，穿行六街三市，操控在别人手中谈何快活。可是，李逵一有机会依然要下山，因为他只是假装扮作提线木偶，最终必然在沉默中爆发。

因为从某种意义上说，山寨既与社会隔绝，实际上也是一种牢狱（参看本书第四讲《牢狱与江湖》一篇）。作为一个自我封闭的乌托邦，梁山泊不啻福柯所描述的"全景敞视"的牢城。李逵对此未必能有清醒的认识，却实实在在感受到山寨生活的单调与无聊。李逵说"兄弟若闲，便要生病"，大碗喝酒大块吃肉未必多么快活，抑或只是借酒消愁消磨时间而已。其实山寨已是"无物之阵"，作为战士的李逵深感百无聊赖。如果不是这样，为何李逵的故事几乎都发生在山寨以外？

四

"休教走了梁山泊黑旋风！"出了山寨，进入任何市廛，李逵都可能成为被围捕的对象。对于梁山好汉来说，尤其李逵这样名声大噪且又特征明显的人物，梁山泊之外任何地方都可能是虎穴。然而，自由却在山寨之外——外面的世界很大，那是一个更大的牢狱。不管怎么说，自由

燕青智扑擎天柱，明刊容与堂本插图

首先赖于生存空间，很多时候是空间决定命运。从龙虎山伏魔殿地穴到水泊梁山，再到山寨之外的世界，这是一条救赎之途，千古幽闭的灵魂渴望进入更广阔的空间，哪怕是一个遍地荆棘的牢城。

是啊，帝国的法网毕竟百密一疏，再说李逵自有不惧官府的能耐。事实上，除了在曹太公庄那回，李逵还从未被敌人逮住。黑旋风穿越山谷，括地而来，呼啸而去。从北京到东京，从二仙山松鹤轩到泰山脚下东岳庙，一次次冲决天罗地网，这是何等快意！小说第七十二回，宋江出城时留下燕青等候李逵，这黑厮独自挥舞双斧要攻打东京城池，好歹让燕青拦住。李逵不怕朝廷的千军万马，却怕燕青，因为燕青的小厮扑天下第一，李逵若不听话，燕青上手就摔他一跤。一物降一物，在自家人跟前，李逵总是窝囊而憋屈。

再从泰安庙会打擂一节往下看，卢俊义接着燕青、李逵，便引众还山。可是，走着走着，半路上不见了李逵。书中交代："却说李逵手持板斧，直到寿张县。"之后是两段颇为滑稽的叙事，其中轻松、戏谑的气氛表明，李逵不那么想回山寨，更喜欢在外边游逛。他闯入寿张县，知县已不知所去，他在衙署后堂找出袍服皂靴，扮作县官老爷坐衙审案。继而又窜到学堂，吓得先生跳窗而逃，学童哭叫着四处躲闪。幸好这时穆弘寻来，将一路招灾惹祸的李逵拖走。李逵的公堂审案游戏令人发噱，却是他那套斗争哲学颇为生动的演绎。他让衙役扮成厮打的来告状，让县衙外边的百姓都来观看——

> 两个跪在厅前，这个告道："相公可怜见，他打了小人。"那个告："他骂了小人，我才打他。"李逵道："那个是吃打的？"原告道："小人是吃打的。"又问道："那个是打了他的？"被告道："他先骂了，小人是打他来。"李逵道："这个打了人的是好汉，先放了他去。这个不长进的，怎地吃人打了，与我枷号在衙门前示众。"

打了人的是好汉，被人打的却是不长进的，这就是李逵断案的标准。聚在县前的百姓哪里忍得住笑，却见李逵掣出大斧扬长而去。置身于官府地界，他要时刻警惕李鬼老婆和曹太公们，他要主动出击而不能被动挨打。不过，与其说他陷入了某种囚徒困境，莫如说这普天之下正是大可逞强争斗、放手一搏的自由之国。所以，他每每叫嚷要杀去东京。

五

当然，事情不是都像审案游戏那么简单，所谓"打了人的是好汉"，绝非认同殷天锡那种恃强欺弱。在李逵的简单思维中自有好人坏人之分，知道什么人该打什么人不该打，亦懂得扶困济危的江湖道义。说来他也不是没有欺凌弱者的劣迹，在北京城外住店就一拳打得店小二吐血。不过，那倒不是逞凶妄为，是一肚皮怨气没处发作。第三十八回琵琶亭饮酒一节，他不耐烦被卖唱女打断话头，用手指捺倒了那女孩，虽无心之过，却不是好汉所为。琵琶亭是文化人白乐天怜香惜玉悲天悯人的地儿，黑旋风这一出真是大煞风景。宋江没有责怪他，一个劲儿对女孩爹娘嘘长问短，又赶紧掏银子安抚人家，实是让他见识了宋大哥心念苍生的好汉风范。

李逵自然也想做好事。第七十三回所述"乔捉鬼"和"双献头"的故事,正是李逵为民除害的翔实写照。那回他和燕青离开东京,回山寨途中,在四柳村遇上一桩奇事——狄太公的女儿着了邪祟,躲在屋里不出来。那屋里想来有鬼,李逵夸口说他能捉鬼,自称是蓟州罗真人的徒弟,当晚就替人家驱魔祛魅。这段戏谑化叙事揭示李逵性格的另一面,其凶煞面孔背后亦有急人所难之心。不过,看上去是浑朴、憨直,却揣着混吃混喝的心机。他要主人供上酒肉,说是祭祀神将,待吃饱喝足,便闯进那黑屋子,不由分说将里边一对男女给砍了。原来,狄女跟东村头会粘雀儿的王小二躲在屋里苟合,怕家里人反对才如此装神弄鬼。狄太公太婆恸哭不已,李逵却纳闷,自己做了好事,人家为何不谢他?

且说离了四柳村,两人走到荆门镇不远的刘太公庄上。那刘太公偏也撞了厄运,说是年方十八岁的女儿被梁山泊宋江掳去。李逵听了大怒,回到山上就砍倒"替天行道"的杏黄旗,大骂宋江:"你原来是酒色之徒,杀了阎婆惜,便是小样,去东京养李师师,便是大样。"跟李师师有一腿亦且罢了,抢掠民女则罪莫大焉。李逵振振有词,宋江自是百辩莫解,跟李逵拿脑袋相赌,最后请来刘太公对质才消除误会。李逵错怪了宋江,只得按燕青教他的法子,去宋江跟前"负荆请罪"。

为了公道和正义，不惜跟老大撕破脸皮。事情闹到这分上，再不替刘太公找回女儿也说不过去。掳掠刘女的实是冒名宋江的贼人王江、董海两个，早已逃之夭夭。燕青陪着他，一直追到凌州牛头山，杀了两个贼人，救出刘女，于此总算功德圆满。

六

李逵捉鬼、负荆的段子来自元代高文秀《黑旋风双献功》、康进之《黑旋风负荆》二剧，均在今存六部元剧水浒戏中。元杂剧有关李逵的剧目甚多，原本多已亡佚，见于钟嗣成《录鬼簿》、臧晋叔《元曲选》诸书著录有十几种之多。很难说小说中的李逵叙事有多少是根据元剧改编，但从存目剧名来看，其断案、闹学堂二事，大抵采自杨显之《黑旋风乔断案》、高文秀《黑旋风乔教学》等剧目。

元剧中的李逵似乎是一个更具娱乐性的游戏耍闹角色，小说在相当程度上保留其行为的诙谐成分，却重新塑造了一个拙朴、刚直而凶顽的莽汉形象。不过有一点可以肯定，从行为方式来看，小说描述的这个人物还是基本沿袭元剧的主要叙事特点。譬如，重点都是李逵下山的关目，都是李逵惹是生非乃至出乖露丑的表演，都是介入他者的叙事

《黑旋风负荆》杂剧插图，明万历雕虫馆刊《元曲选》

而并非表现李逵自身命运。

所以，《水浒传》的李逵跟其他主要人物的写法大不相同。书中宋江、卢俊义、史进、鲁智深、林冲、杨志、武松那些重要人物，上山之前均有较为详尽的身世介绍，他们的个人命运少不得冤情或磨难，他们的一系列反抗行为映照着整个体制的毁坏，顺理成章地汇入以改变国家政治为目标的"大水浒"叙事（参看本书第二讲《"小水浒"与"大水浒"》一篇）。可是李逵却不一样，其身世不见说起，只是在乡里打死人一句话带过，从沂水县百丈村流落到数千里外的江州，中间全是空白。李逵上梁山之前的故事仅压缩在江州一段，之后便是频频下山，足迹遍至沂州、沧州、高唐州、蓟州、大名府、东京、泰安州、凌州、东平府等各州府地界，活动范围甚广。显然，李逵这个人物是通过一系列零散事件拼凑起来的，而且各处惹事和搞笑，很像是戏剧中插科打诨的串场角色。

但李逵不止是串场的丑角，这是一个具有叠加效应的行动元，从人物形象到角色意义，无不带有多侧面多层次甚至自反性的话语意涵。一方面，这是一个忠诚、鲁莽而耽于杀戮的勇士；另一方面，亦不失扶危济困的好汉本色（他也有悲悯之心，李鬼诓称家有九十老母，非但不杀还给了十两银子），虽说做事毛躁，却是惦念着为民除害。而且，作为让人谈虎色变的煞星，又偏是扮演着滑稽搞笑的喜剧角色，这使得冷面杀手有了某种亲和性。又如，因为率性行事，又常被梁山自家人规束和惩戒，此中往往有一种老实人被虐的喜感效果。李逵算是老实人吗？他自作主张的行动也太多了。然而，劣马总要被驯服，就说负荆一出，既是充满嘲谑的笑剧，也是被规训的结果。"负荆"这形象让人想到给牲口加了轭套，跑出去再也不能撒欢打滚了。小说逐次剖示李逵的性格肌理，最终定格于浪子回头的一幕，不知这是否是康进之另一出杂剧《黑旋风老收心》（已佚）所要表达的意思。

不用说，这个人物所呈现的绝非一副面孔一种形象。但最重要的是，其角色意义大于性格内涵。李逵的串场功能不只是娱乐性的,其频繁下山,一再惹事,分明是不安于山寨的扃闭状态,他的逃逸和自我放逐是一种无名的反抗,本能地指向团体终结的命运。总而言之,李逵这个人物在小说中是一种特殊存在,不能仅从其性格本身去认识。

造反之前,李逵是江州牢城一名狱卒,这种身份安排将他置于体制底端,却又幸运地处于栅笼之外。书中不曾叙说其人生苦难,亦无被逼上梁山的道理。李逵是因江湖道义而跟定了宋江,在打打杀杀的过程中感受到人生快意。可是,出离体制上山入伙之后,在团体内部颇受山寨规矩约束,在外又被官府通缉,其身份转换是将自己绕进了双重囹圄——封闭的山寨本身形成一道樊篱,而山寨之外,普天之下,更是一座无边的牢城。

七

李逵逃离被规束的现状,从一种已知的命运逃向另一种未知的命运,自然是冒险。但不管怎么说,冒险本身具有寻求自由的快意。心存侥幸也好,恣意逞强也好,他不自觉地要回归那个暌隔的社会,所以每次下山他都有一种抑制不住的兴奋。

其实,宋江也想回归社会。他一心推进招安,不仅是出于"替天行道"改良政治的宏大抱负，也是想率领弟兄们体面地回归社会。元宵节东京赏灯的描述，即表明宋江十分渴念烟火繁盛的人间生活（书中写宋江元宵赏灯竟有三次，前两次是清风寨和大名府）。造反本来是为了寻获自由，可是梁山泊的自由只是局闭在山寨之内喝酒吃肉谈论枪棒。这叫什么事儿，犹如置身栅笼的人们，何尝不向往外边的世界？

小说以大量笔墨叙述李逵下山的故事，不管是否带有超越事件本身的叙事意图，客观上是在替宋江的招安找寻理由，或是一种背书策略。更确切说，是在辅国安民的政治目标之外，为梁山众人铺垫回归社会的合法性。在《水浒传》的"反抗—绝望"叙事模式中，如何回归社会，亦是如何救赎的命题。

受石碣天书之后的菊花会上，铁叫子乐和唱着宋江填词的一阕《满江红》，唱到"望天王降诏，早招安"一句，武松恼了，李逵也恼了。李逵干脆踢翻桌子，大叫大喊："招安，招安，招甚鸟安！"说来也怪，最喜欢往山下走动的李逵，却是最反对招安的一个。渴望走出去的人们，在反抗与救赎之间不知所向，陷入了江湖与牢狱互为因果的路径迷思。

自由与局闭，最终成了一个伪命题。其实也不奇怪，李逵、武松等人是不愿意按照宋江的方式回归社会。在他们看来，招安本身有违初衷，亦有失体面。不过，对于李逵个人来说，那不叫回归社会，毕竟体制内的规矩比山寨更多。宋江自有一番安邦定国的宏愿，而李逵的人生没有那种目标，说到底人生只是一种过程，一切尽在过程之中。若是撇开冒险和奇遇，省略了斧头上舔血的凛然大义，大概没有什么能让他感受到生命的欣悦。

二〇一八年十二月十一日记
原刊《中华读书报·文化周刊》二〇一九年二月三日

第七讲

《水浒传》的妇人话题

一

《水浒传》一向被人认为有歧视女性的观点,譬如周作人《知堂回想录》分析武松、石秀杀嫂的细腻描写,总结说:"在这上面作者似乎无意中露出了一点马脚,即是他对女人憎恶的程度。"(《拾遗[戊]——读小说》)如果说周作人的说法比较率意,那么学者章培恒、骆玉明的表述就显得严整而矜饬,他们主编的《中国文学史新著》书里有这样的评论——

《水浒传》歌颂了男性英雄,却贬低了女性。在《水浒传》中没有真正意义上的对女性的描写,其中所写的女性大致可分两类,一类是孙二娘、扈三娘、顾大嫂这样的男性化了的女性,另一类是潘金莲、潘巧云、阎婆惜等"淫妇"。作者把潘金莲等女性写成天生的淫贱，既不顾及社会对妇女（例如潘金莲）的迫害以及由此引起的她们心理上的扭曲，又将对她们的迫害（例如石秀、杨雄的杀潘巧云）视作英雄的行为，这是其主要的历史局限。至其成因，则是我国封建社会长期流行着的对性爱的压抑和对女性的歧视。（第五编第五章）

宋江杀阎婆惜，武松杀潘金莲，石秀、杨雄杀潘巧云，这些都是《水浒传》给人印象至深的关目，自然不只章、骆两位先生注意到几位水浒妇人的遭际，鉴于其著最具影响，余者无须胪述。批评者显然有一种怜香惜玉的思路：几个颜值颇高的妇人偏偏被作为反面人物描述，这不是变态吗？书里怎么总拿淫贱说事儿，那未必就是本质，关键是小说未能从红颜命薄的苦逼人生中找寻理解与同情之由，反倒任由粗鄙的男人将她们残忍地杀害……

歧视女性，说到底是不懂女人，不解风情。这是从社会学到女性心理学的问题。

二

不过话说回来，那几个妇人被杀的原因各异，并不只

《乌龙院》戏出年画（山西临汾），此剧根据宋江杀惜一节改编，画中婆惜与张文远在屋里相谈欢愉，宋江立在门外

是拿"淫妇"做文章。鲁迅评论《红楼梦》说过"道学家看见淫，才子看见缠绵"的话，在这里，批评者既见香消玉殒，爱欲被摒弃，很有些痛心疾首，且将小说家看成道学家了。

阎婆惜跟别人偷情不假，不过书中并未着意渲染其淫荡，宋江杀惜亦无关乎风月情事。阎婆惜是捏住了宋江私通梁山泊的把柄，勒索晁盖信中提到的一百两黄金，威胁要去官府举告。争夺招文袋时两人发生肢体冲撞，宋江情急之下用压衣刀捅了婆惜。这命案自有过失杀人成分，显然宋江是为了自保。起先婆惜跟他讲条件，要废弃契书任其改嫁张三，宋江便说"这个依得"。这绝不是无奈之下的让步，婆惜与张三的私情之前风言风语传入耳中，他半信不信也没当回事儿。宋江对于此事原本就持有一种很开明的态度——"他（她）若无心恋我，我没来由惹气做甚么?"这完全是尊重女方意愿,已将女方视为独立的主体。当然,这黑三还是不大懂女人,难怪老虔婆还要如此开导他:"押司,你不合是个男子汉,只得装些温柔,说些风话而耍。"

潘金莲被杀自然另当别论,那是武松为兄报仇,因为她伙同西门庆鸩杀武大郎。其罪愆自然脱不了"淫荡"二字,但被杀的主因是害命在先。小说第二十四回写武松刚来武大家时,潘金莲不住声地问长问短,武松对话中对嫂嫂的态度恭敬至极,言语举止都很得体。其实,武松并不歧视女性。歧视女性的是那个时代与社会,潘金莲被迫嫁与身形猥琐的武大郎("好一块羊肉,倒落在狗口里"),或许正是造成"心理上的扭曲"之来由,婚姻不能自主的女性无疑是社会受害者,但这是《水浒传》描述(或曰揭示)的社会状况。问题在于,学者们认为这样的安排很不妥。这不是存心让羊肉落在狗嘴里么,为什么不将潘金莲安排在一个好人家?如果不是这么变态叙事,一个性爱得到满足且生活无忧的妇人,何至于干出这等蠢事。

杨雄、石秀杀潘巧云亦属私刑,这跟武松杀嫂性质相似,却有很大区别,事主毕竟没有谋害亲夫,她只是给老公戴了绿帽子。按说,身为两院押狱的杨雄,在蓟州街面上也算有头有脸,巧云嫁与这等人物,何至于不满足?当然,悲剧总有悲剧的根源,囿于闺闱的妇人不可能阅历外边的大千世界，报恩寺僧人海阇黎不仅是她性爱的对象，或许也是她心中渴念的诗和远方。石秀、杨雄自是封建头脑，容不得妇人家的性爱乃至精神追求。这就存心拿她做淫贱文章。批评者从这里读出歧视女性之义，或以为巧云的偷情乃挣脱宗法社会"三从四德"的规训，亦如《西厢记》崔莺莺那样大胆追求爱情。不过，巧云痴恋的毕竟不是好人，飞蛾扑火的下场总归不能让人同情。只是杨雄、石秀杀心太重，下手忒狠，落下憎恶女性的话柄。

三

《水浒传》基本构造是男性世界，却一再演绎妇人被杀的故事，这是一个值得讨论的话题。除了宋江杀惜、武松杀嫂、杨雄杀妻，还有雷横打死白秀英一事。杨雄、石秀杀人后遁迹江湖，其他几位犯事者都背上了官司。只是雷横解押济州途中让朱仝私自放走，由朱仝替他受了脊杖和刺配。说来宋江、武松、雷横、朱仝是县衙中人，官场里都有人脉，而以当日社会观念而论，被杀的自然不是什么良家女子，可是他们犯了人命一样被勘治。应该看到，其中并无身份、性别之影响因子，但就司法角度而言，这些判例不能不谓之公允。

按说,《水浒传》反映的社会矛盾亦集中体现于司法混乱、冤案迭出,但这些妇人被杀案件之判决倒是别有旨趣,恰恰将混乱颠倒的是非曲直纳入司法公正的轨辙。问题是,冤情与衷曲遮蔽于"公正",那就更没有讲理的地方了。宋江武松们认命不认命都不行,命运之重轭迷失在清风镇的三岔口,终而将个人恩仇导入江湖道义与国家法度的冲突。

这里需要指出,水浒故事不仅缘于"宋江以三十六人横行齐魏"的传说,小说中的个人叙事大抵另有所本,应该属于宋元说话和元杂剧中所谓"公案"家数。现存元代和明初杂剧水浒戏多皆公案戏套路(参见第二讲《"小水浒"与"大水浒"》一篇),小说描述的宋江武松们个人遭际亦受此影响。所以,命运的出发点往往在于家庭、街坊、市井风情、饮食男女诸事。所以,这就少不了妇人出场——无论描述世相百态,还是申说伦理道德,妇人的角色亦自不可或缺。

当然,小说明显改变了之前杂剧水浒戏囿于公案戏的叙事模式,由公案敷衍侠义,又扩展为"替天行道"的宏大叙事,这是它不同于一般公案、侠义小说的地方。但是,《水浒传》的个人叙事借助"公案"说事,依然是小说重要内容。由公案情节揭橥道德失范,继而映射制度失序,这是小说家高明之处。

插翅虎枷打白秀英,明刊袁无涯本插图

关于《水浒传》的妇人问题，梁启超《小说丛话》有这样的说法：

"天下无无妇人之小说"，此乃小说家之格言，然亦小说之公例也。故虽粗豪如《水浒传》，作者犹不能不斜插潘金莲、潘巧云之两大段，以符此公例。即一百零八人之团体中，亦不能无扈、顾、孙之三人。吾初不信此公例，吾以为此不过作者迎合时流，欲其书之广销而已，绝非无妇人必不能得佳构也。其后闻侦探家之言曰："凡奇案必与妇人有关涉。"乃始知小说之不能离妇人，实公例也。

此谓"公例"，乃公案戏之模式。梁任公谈论小说并无高深见解，这里是根据《水浒传》之公案关目来理解妇人的角色意义，平易之论实有灼见。

四

梁山泊一百零八将里边有三位妇人，即孙二娘、扈三娘和顾大嫂，她们被认为是"男性化了的女性"，也被认为是小说贬低女性的佐证。不过，在一部充满反抗意义的小说中，几位女将被赋予阳刚威武之气，应该说比较合乎题旨。或许可以这样想：一个与官府对抗的军事组织是否应该有女性的位置？梁山泊本是男性世界，作者在那一百零八人中安排三位女性，是否也说明在当时那个男性中心社会里，作者已意识到女性的社会存在与价值？

在此前的江湖与军旅叙事中，固然有花木兰的传说，有聂隐娘和红线的传奇，但那些女性都是孤身一人走入男性的对抗世界。妇人能够走出闺房与家门，便是奇特的文学想象。在稍早的《三国演义》中尚未有妇人上阵的故事（唯独刘备孙夫人房中刀戟森列，表示女性也有驰骋疆场的想象）。现在梁山上来了孙、扈、顾三位，征田虎之后又加入了琼英，她们在男性世袭领地中活生生地占了几个位置，难道不算是替女性争了一分地位？按古代中国的性别分工，在家庭与农耕生活之外，妇人能够从事的社会职业极其有限，除了青楼瓦舍就几乎没有别的去处。所以，古代文学中妓女（还有后妃）成了热门职业，因为没有别种类型的女性可写。江湖乃至疆场本来并非女性活动天地，盖处于社会日常场景之外，或可视为性别准入的模糊地带。《水浒传》不是第一次将妇人引入打打杀杀的语境，却率先创造了从秘密社会到军旅行伍的女性形象，而且不再作为个人单打独斗的形式出现。后世通俗文学中涉及战争的女性叙事，如熊大木《杨家将演义》描述的杨门女将、张四维《双烈记》塑造的抗金女英雄梁红玉等，很可能就是从这里

一丈青扈三娘，明陈洪绶水浒叶子

获得了启示。

不必嗤笑"男人婆"什么的，刀枪剑戟丛中自然没有林黛玉的安身之所，"安能辨我是雄雌"才是江湖和军旅生涯的生存之道。不过，话说回来，兵戈扰攘中的女性并非一概要处理成母大虫和母夜叉。批评者怎么忘了扈三娘和琼英，书中写这两位女将，就尽量采取美艳化写法。如第六十三回，梁山泊攻打大名府，一丈青扈三娘出阵，"当先一骑马上，却是一员女将，结束得十分标致"，紧接着便是一首《念奴娇》，词曰：

　　玉雪肌肤，芙蓉模样，有天然标格。金铠辉煌鳞甲动,银渗红罗抹额。玉手纤纤,双持宝刃。恁英雄煊赫,眼溜秋波,万种妖娆堪摘。谩驰宝马当前,霜刃如凤,要把官兵斩馘。份面尘飞,征袍汗湿,杀气腾胸腋。战士消魂,敌人丧胆,女将中间奇特。得胜归来,隐隐笑生双颊。

词意殊俗,但小说家的用心别致。这女将也是女人,而且是玉雪肌肤、玉手纤纤的女人。再如第九十八回,琼英骑银騌马上场,便用一连串的骈语描述其英姿婀娜的体貌:

金钗插凤,掩映乌云;铠甲披银,光欺瑞雪。踏宝镫鞋競尖红,提画戟手舒嫩玉。柳腰端跨,迭胜带紫色飘摇;玉体轻盈,挑绣袍红霞笼罩。脸堆三月桃花,眉扫初春柳叶。锦袋暗藏打将石,年方二八女将军。

其实,旧小说旧戏文中刻画女将女侠形象,多半是走美颜路线,如今影视剧古装戏更是如此。将刀斧丛中的女人写得春色撩人,实在是一种很奇怪的思路。

其实,像顾大嫂、孙二娘那种"男人婆"样貌,才是写实路子。相比美女泛滥的情色路线,如此表现女性战士的悍勇凶狠,倒也显出一种矫枉过正的创意。

五

这里不得不提一下,梁山好汉更有若干英雄救美的戏码。对于那些被人凌辱的弱女子,他们总是适时出手援救和呵护。第三回,鲁智深一出场就是解救酒楼卖唱的金翠莲。第五回,又阻止小霸王周通强娶桃花庄刘太公女。第三十二回,武松离开了孟州十字坡,在蜈蚣岭救了被飞天道人强占的张太公女。第五十八回,华州贺太守强娶画匠王义女儿玉娇枝,将王义刺配远恶军州,史进救下王义,行刺贺太守时却被逮,惜乎未能救出玉娇枝。该出手时就出手,于此体现了义无反顾的道德准则。说来这还不同于文人才子的怜香惜玉,鲁智深们对此更有着感同身受的悲悯之心。

别忘了林冲的悲剧。高衙内惦记上林冲娘子,就活生生地摧毁了一个家庭。作恶的势力太强大,像林冲这样体面的军官亦无还手之力。妇人的不幸开始让男人们感受到存在之虚幻,乃从权贵压迫中唤起平等意识。《水浒传》所倡言"八方共域,异姓一家"的平等意识,大抵亦粗略含有男女平等的命题。当然,这不等于说梁山中人完全改变了男尊女卑的陋习(即便当今社会也不能说这个问题就不存在了)。但小说叙事明显表明,妇人的命运与她们的夫君休戚相关，更是联系着自身所在的弱势阶层。

所以，如何对待女性，自是梁山泊江湖道义的大原则。第三十二回，宋江在清风山也解救了一个妇人，就是清风寨刘知寨的夫人，后来那女人竟还诬害宋江，但解救的意义显然超越日后的惩处。那妇人上坟途中被王英绑架，要占为压寨夫人。在梁山泊整合各处山寨之前，那些惯于打家劫舍的莽汉亦时而强占民女，到了宋江这儿才去除这种恶习。在清风山时，宋江听得燕顺提起王英好色的毛病，便说："原来王英兄弟，要贪女色，不是好汉的勾当。"不过，此话往往被人过度解读，演绎成好汉不近女色的禁欲主义。但不管怎么说，不贪女色成为梁山的纪律，成为众好汉的共识，无疑体现了超越那个时代的文明法则。

第七十三回，黑旋风双献头一节表明，不贪女色的共识对梁山首领也是一种制约。李逵误信宋江夺了山下刘太公的女儿，回到山寨就砍了"替天行道"的杏黄旗，要宋江送还刘女。结果宋江不得不去村里让刘太公辨认，这才解除误会。随后李逵负荆请罪，旋与燕青找到牛头山那两个淫掠民女的草寇，救出被掳的女子送还刘太公庄上。

书中叙说刘太公一节之前，还写了李逵在四柳村砍杀一对"奸夫淫妇"之事——村里狄太公说是女儿被恶鬼关在房中，李逵受托去捉鬼救女，不料却是东村头王小二与狄女在里边苟合。这个双献头的故事源自元代高文秀的杂剧《黑旋风双献功》（原是白衙内拐走了孙孔目妻子郭念儿），小说以这种喜剧性情节表现李逵的鲁莽，多少消解了惩恶扬善之义。但接下去补缀李逵、燕青救刘太公女儿，显然是找回梁山好汉的正义叙事。这里的补述意义匪浅，可见在《水浒传》的伦理意识中，男女苟且依然是大逆不道，男女之大防不能逾越，但也绝不能允许女性受人欺凌。

六

高衙内对林冲娘子的觊觎，是整个水浒叙事的逻辑起点。尽管各人投奔梁山有各自的原因，但林冲的故事是最重要的，因为它最集中地体现了反抗绝望的悲剧人生，成为"直教农夫背上添心号，渔父舟中插认旗"的引子。

林冲之前有王进受辱而逃离东京，但王进的故事只是铺垫，其本身力度不够。受凌辱的人生各有各的凄惨，最不堪忍受的是向妇人下手。可以说，林冲娘子是第一张倒下的多米诺骨牌。表面上看，这里几乎是男人的世界，但原初的反抗却来自女人。试想，倘若林冲娘子一开始就从了高衙内，那么后边可能就蕃衍出《金瓶梅》

式的故事了。

《水浒传》很少涉笔家庭关系，可是写到林冲与其娘子诀别的一幕，冷峻之中恰恰显露一种柔情，那是对弱势女性的体恤与关爱。书中第八回，林冲被押往沧州之前，在州桥酒店里写了休妻文书，并对丈人张教头解释说：

> 自泰山错爱，将令爱嫁事小人，已至三载，不曾有半些儿差池。虽不曾生半个儿女，未曾面红面赤，半点相争。今小人遭这场横事，配去沧州，生死存亡未保。娘子在家，小人心去不稳，诚恐高衙内威逼这头亲事，况兼青春年少，休为林冲误了前程。却是林冲自行主张，非他人逼迫。小人今日就高邻在此，明白立纸休书，任从改嫁，并无争执。如此林冲去的心稳，免得高衙内陷害。

林冲休妻不是绝情，是为女方考虑，在自己不能承担丈夫责任的时候，他只能让娘子改适他人，这样他才能"心稳"。而且从这番叙说中可以看出，平日里林冲与娘子和睦融洽，几乎有如现代模范夫妇。书中如此描述反抗者林冲的心念，以及尊重女性的态度，绝对具有超越那个时代的伦理意识。亦如同鲁迅所说，绝望中的反抗也往往蹉跎在"爱"里边。

七

《水浒传》将救助女性作为江湖道义之一大原则，但另一方面对妇人的贞节又防扃甚严，故而说到潘金莲、潘巧云偷情之类自是痛加鞭挞。不过，这本身并非小说家叙事之义，《水浒传》讲述的是距今九百年前的故事，成书之时距今也有六百多年，书前书后都是道学家大行其道的年代，书中的人物自然不能以现代婚姻、性爱和道德观念去认识两性关系问题。将当日意识形态和宗法社会对女性的束缚归咎于小说家的叙事态度，这是错位性误读——小说家写的是人，必然要写出禁锢人性的社会氛围。

其实，小说叙事对妇人之性爱缺失亦自有所反映，批评者对潘金莲、潘巧云的同情恰恰来自书中的描述。对于阎婆惜的不安分，宋江明达宽容的态度被描述为豪杰人格与胸襟，倒也说明小说家并不时时坚持那种道德正确，体察人性要比恪守规矩更重要。书中多处叙说妇人怀春之情，或曰"淫贱"，或曰"卖俏行奸"（这是旧小说常用的曲笔），那些触忤礼教禁忌之举正是人性的书写。

第七十三回，四柳村的狄女为了跟东村头王小二在一起，不惜装神弄鬼，将家人摒拒门外；原本是桑间濮上的性爱，在理学道学的时代绝不可能被家人和社会所接受，私通不啻也是一种反抗。第一百一回，童贯养女娇秀看上了风流浮浪的军健王庆，竟贿赂府中虞候、侍婢一干人，每日夜间将王庆从后门带入闺中；娇秀就要当上蔡京的孙儿媳妇了，放着荣华富贵不去享用，偏生勾搭开封府一个副排军，这自然是"发乎情"而绝不止于礼义，也绝不止于实际利益的本性本真之义。虽然，《水浒传》这类书写往往采用喜剧化的戏谑笔调，看似很有嘲讽和鞭挞意味，但叙述本身就颠覆了话语禁区，让你看到一种并不驯服的人性。

禁锢人性需要某种道德、伦理和意识形态，那一大堆理性的言语往往抵不过某种感性描述。打破那种禁锢，首先就是陈述人性是怎样在禁锢中挣扎的情形。

当然，这部小说并不仅以妇人偷情叙说性爱之挣扎，亦有英雄美人的奇幻结缡。琼英与没羽箭张清于梦中的"宿世姻缘"，颇似汤显祖传奇中那种因梦生情的手法，或亦可视为一种古典爱情。琼英梦见少年将军教飞石子打击的情形，同样也出现在张清梦中（第九十八回），这种儿女私情虽说构思过于奇特（更奇特的是还在李逵梦中留下"要夷田虎族，须谐琼矢镞"的谶语），却是意在表现两情相悦的天作之合。只是琼英、张清的情爱叙事夹杂在征伐田虎的战争里边，其写法有些简率，未能细腻地表现儿女

琼英飞石打扈三娘,明刊袁无涯本插图

李师师家中，燕青手执象板给道君皇帝唱曲，明刊袁无涯本插图

情长的一面。但不管怎么说，《水浒传》毕竟要比《牡丹亭》早出一百多年，且不说后者是否脱胎于此。

八

最后不能不说，《水浒传》里还有两位身份特殊的重要女性，她们对宋江的事业起到某种决定性作用。

一个是第四十二回出现的九天玄女。宋江被官军追杀之际，在还道村遇九天玄女，受三卷天书，领受"汝可替天行道"的神旨。在宋江上山之初，以此神道设教手法确立"替天行道"的宗旨，实乃一大关目，这是梁山众人从笑傲江湖到瞻依廊庙之转折。玄女娘娘乃上古神女，亦是道教神祇。按李叔还《道教大辞典》之说，九天玄女为黄帝之师金母元君弟子，黄帝时为有熊国之君。黄帝与蚩尤战于涿鹿之野，九天玄女受王母之命下降，"授帝以兵符及印剑等，并为帝制夔牛鼓八十面，遂破蚩尤而灭之"（浙江古籍出版社1987年版）。水浒叙事中请出九天玄女，亦自有此般救世之义。小说后边第八十八回写与辽兵对阵，九天玄女又及时在宋江梦中出现，详授破混天象阵法之计。

另一个重要女性，就是第七十二回和八十一回出现的李师师。元宵节宋江偕柴进、李逵、燕青往东京赏灯，见到这"歌舞神仙女,风流花月魁"的上厅行首,恍然想起,"莫不是和今上打得热的"。于是,有了实现招安的计划——打通李师师枕上关节,将自己辅国安民的心愿直达天听。后来燕青在李师师的安排下终于见到道君皇帝,成就被高俅、童贯一帮奸佞再三阻挠的招安大事。按小说总体叙事意图,以招安赦罪,既是寻求"替天行道"的合法性途径,亦包含以江湖道义改造体制顽疾的朴素意愿,这是中国古典文学中最具超越性的政治伦理构想。本文不拟讨论招安本身的是非成败,也不讨论此中是否具有某种暧昧的隐喻意味,这里只是提示李师师这个人物的角色功能。

或许是出于古代女性崇拜的神圣化意识,在梁山泊命运最重要的两个历史关节,拨云见日的偏偏是两个女性,一个是指路,一个是通关。一个形而上,一个形而下。

二〇一八年八月二十日记

原刊《书城》二〇一八年十一月号

第八讲

水浒地理学

一

在《中国小说史略》里边，鲁迅将《水浒传》与《三国演义》一同列入元明讲史小说，让人有些疑惑。"讲史"这说法来自宋元"说话"之分类，即"谓讲说《通鉴》汉唐历代书史文传，兴废争战之事"（吴自牧《梦粱录》卷二十），不同于假托历史的虚构作品。问题在于，《水浒传》之史实依据相当薄弱，所依傍北宋末年历史背景也较模糊，小说中梁山人物唯宋江一人见于《宋史》。宋江被史家视为流寇，自然未予立传，只在他人纪传中提及，如《宋史·徽宗纪》：

（宣和三年二月）淮南盗宋江等犯淮阳军，遣将讨捕，又犯京东、河北，入楚、海州界，命知州张叔夜招降之。

另外，《侯蒙传》亦说到对宋江的赦免与招降：

宋江寇京东，（侯）蒙上书言："（宋）江以三十六人横行齐魏，官军数万无敢抗者。其才必过人。今青溪盗起，不若赦江，使讨方腊以自赎。"

具体讨剿与招安过程，《张叔夜传》叙述较为详备：

宋江起河溯，转略十郡，官军莫敢婴其锋。（张）叔夜使间者觇所向，贼径趋海濒，劫巨舟十余，载掳获。于是募死士得千人，设伏近城，而出轻兵距海，诱之战。先匿壮卒海旁，伺兵合举火焚其舟。贼闻之，皆无斗志，伏兵乘之，擒其副贼，（宋）江乃降。

二十世纪二十年代，鲁迅做小说研究，胡适、郑振铎做《水浒传》考证，都用到过上述史料。这些记载也被后来的研究者视为水浒故事的源文件。可是，好像未见有人从地理空间角度去讨论初始化的宋江历史叙事。

综合以上三则，可知宋江活动范围很大。《张叔夜传》说得很清楚，宋江最初起于河溯（亦作河朔），即黄河以北。那一片，宋代为河北东路和河北西路。如果是袭用唐时河朔三镇（魏博、成德、卢龙）的说法，今河北及京津地区大部都有可能是宋江起事的地方。《侯蒙传》又称，"（宋）江以三十六人横行齐魏"，这是说其部已南进京东东路（胶东半岛诸州），并且向北宋政权的核心地带京畿路运动，或贴近河北东路的大名府一带。但从《徽宗纪》《张叔夜传》看，宋江继而又南下淮阳军（今江苏邳州、宿迁一带）和楚州（今江苏淮安至盐城一带）、海州（今江苏连云港一带）等地，最后是在海州被围剿和招安。

所有这些记载表明，宋江这支队伍惯于过府冲州的运动战（或曰流寇式作战），逐次向南递进，并没有建立像小说中梁山泊那样固定的根据地。

二

梁山泊（泺）这个地名，《宋史》亦有几处提及，分别见于蒲宗孟、许几、任谅诸传。蒲宗孟是神宗时人，熙宁间曾为郓州知府；许几、任谅大约与宋江同时代，一为郓州知府，一为提点京东刑狱。各传简述传主事略，无不举述针对辖区内梁山泊（泺）的治盗政绩。

《蒲宗孟传》所述治盗手段严苛而血腥：

> 郓介梁山泺，素多盗，（蒲）宗孟痛治之，虽小偷微罪，亦断其足筋。盗虽为衰止，而所杀亦不可胜计矣。

《许几传》介绍如何以连坐法维持治安：

> 梁山泺多盗，皆渔者窟穴也。（许）几籍十人为保，使晨出夕归，否则以告，辄穷治，无脱者。

《任谅传》则谓传主深入基层，进一步划定责任片区，落实到人：

> 梁山泺渔者习为盗，荡无名籍。（任）谅伍其家，刻其舟，非是不得辄入。他县地错其间者，镵石为表。盗发，则督吏名捕，莫敢不尽力，迹无所容。

从神宗熙宁年间到徽宗宣和年间，实有半个世纪，梁山泊（泺）一直匪患不绝。不过，从这些记述来看，梁山泊（泺）的盗匪只是当地渔民，以行舟之便做些偷盗劫掠的勾当，小打小闹而已。这种盗贼绝非宋江等人的武装团伙，他们甚至不可能跟官府作正面冲突，像小说中原在郓城县做巡捕都头的朱仝、雷横就是专门对付这些村坊蠡贼的。毫无疑问，史书叙述的梁山泊（泺）盗伙实与宋江相差很远，亦无任何关系。

有一点需要说明，蒲宗孟、许幾治下的郓州与小说中经常出现的郓城县不是一个地方。虽说二者都邻近梁山泊，但郓城县属济州（治今山东巨野）。从谭其骧《中国历史地图集》第六册（宋辽金时期）看，当时的梁山泊是一个足有八百平方公里的腰形湖泊（大约相当现在太湖水面三分之一），其东北部分在郓州（治今山东东平）境内，西南部分属济州。郓城县和济州州治分别处于梁山泊西面和南面，而整个郓州都在湖的东边和北边。其实，郓州自宣和元年（1119）已升格为东平府，小说中郓州和东平府两个名称交替出现。

这里顺便解释一下宋代行政区划，其时行政大区称路，犹似汉代的州，唐代的道。徽宗宣和年间全国分二十四路，郓州（东平府）和济州均属京东西路。州是宋代二级政区主体单位，比较重要的州称作府。除此，这一级政区还有监、军两种建制（监设于盐业、矿冶、马政等产业区，军乃屯兵戍守的行政区，均分州县两级）。

三

梁山泊人物早期文字资料有南宋龚开（圣与）《宋江

三十六人赞并序》，见于周密《癸辛杂识续集》上卷。龚赞各以四句四言诗标识宋江等三十六人，这些偈赞中找不出可与梁山泊（泺）链接的字符。值得注意的是，卢俊义、燕青、张横、戴宗、穆横五人名下却有"太行"字样——

玉麒麟卢俊义：白玉麒麟，见之可爱，风尘太行，皮毛终坏。

浪子燕青：平康巷陌，岂知汝名，太行春色，有一丈青。

船火儿张横：太行好汉，三十有六，无此火儿，其数不足。

神行太保戴宗：不疾而速，故神无方，汝行何之，敢离太行。

没遮拦穆横：出没太行，茫无畔岸，虽没遮拦，难离火伴。

这似乎表明宋江的地盘原是在太行山一带。不著撰人之讲史话本《宣和遗事》也说到李进义（卢俊义）、林冲等人救出杨志，一同上太行山落草。不过，是书亨集已经形成宋江与梁山泊的组合——因受生辰纲案子牵连，宋江杀惜后跑路，在庙中遇九天玄女，之后奔梁山泊投奔晁盖。

可是，前边元集中不但说杨志等人上太行山落草，也有"宋江等犯京西、河北等州"之语。这说的是宋江在京西、河北起事，还是梁山人马远征京西、河北？让人莫衷一是。所谓京西、河北，即京西北路和河北西路，太行山就在二者西北交界处。鲁迅注意到，《宣和遗事》"由钞撮旧籍而成"（《中国小说史略》第十五篇），其资料来源驳杂，可知宋江三十六人上山落草之处，早期有两种版本，一是太行山，一是梁山。

小说《水浒传》成书之前，成形的水浒叙事主要是元杂剧中的水浒戏曲，而现存的六种元代剧目（高文秀《双献功》、李文蔚《燕青博鱼》、康进之《李逵负荆》、李致远《还牢末》、无名氏《争报恩》《黄花峪》），无一例外，都以梁山泊为山寨。太行山一说，可能在元剧阶段已被废弃。

应该说，元剧水浒戏对梁山泊及周边地理关系的描述已相当准确，如高文秀《双献功》第一折，宋江上场自报家门：

> 寨名水浒，泊号梁山。纵横河港一千条，四下方圆八百里。东连大海，西接济阳，南通巨野、金乡，北靠青、济、兖、郓，有七十二道深河港，屯数百只战舰艨艟；三十六座宴楼台，聚百万军粮马草……

高文秀《双献功》杂剧题目之图，明万历雕虫馆刊《元曲选》

这是水浒戏介绍梁山泊的经典台词，元无名氏《黄花峪》、明初朱有燉《黑旋风仗义疏财》都采入自己剧中。需要指出，其中提到的"济阳"，即开封近旁的陈留县，北宋曾为京畿路治。当时有漕运干渠广济河（五丈河），从梁山泊经陈留直通开封（详见《宋史·河渠志》）。《水浒传》写宋江去东京看灯，招安后又率梁山军马去朝廷谒见，都没有走水路，可能是时过境迁，作者不知道有这样一条水道，因为金代以后广济河已逐渐湮废。另外，"北靠青、济、兖、郓"一语中，"济"应为"齐"之误，梁山泊分属济、郓二州，而郓州的北边才是齐州（治今济南）。

四

梁山泊古称大野泽（又称巨野泽），在今山东巨野、梁山、东平诸县之间。顾祖禹《方舆纪要》卷三十三："巨野泽，（巨野）县东五里。《志》云：泽东西百里，南北三百里，亦曰大野。《禹贡》：大野既潴。《职方》：其泽薮曰大野。"这里所引《元和郡县图志》的说法可能有些夸张，不过古代的大野泽确实比后来的梁山泊要大。不过，这片湖泽受河水影响，水体盈缩甚巨，五代后曾部分淤涸，而北宋真宗、神宗时两度因河决又使湖面大增。

梁山在湖泽北端，宋时在寿张县境内（今属梁山县）。其本名良山，"汉梁孝王常游猎于此，因改为梁山。《史记》：梁孝王北猎良山。是也。山周二十余里，上有虎头崖，下有黑风洞，山南即古大野泽……宋政和中，盗宋江等保据于此，其下即梁山泊也"。有意思的是，顾氏竟以水浒叙事为信史，足见学人以《水浒传》为"讲史"亦由来已久。

《水浒传》第十一回写林冲上梁山，"见那八百里梁山水泊"，自有一番"山排巨浪，水接遥天"的描述。小说家以汪洋恣肆的笔墨告诉读者，这是一处浩渺壮观的水面。其实，这里描述的情形不算太离谱，北宋末年的梁山泊正是湖水丰盈时期。谭其骧绘制的北宋地图大致反映政和元年（1111）的地理分布，梁山泊当时是长江以北（北宋境内）最大的湖泊。但在同书金代地图上，梁山泊已大为缩水，只剩下三分之一面积。金代地图以大定二十九年（1189）为基准，时间仅过去八十年。再看谭图第七册元代地图，梁山泊就几乎完全消失了。这一册的分幅图以至顺元年（1330）为准，此距北宋末期不过二百二十年，偌大个湖泊就从地图上抹去了。

众所周知，《水浒传》成书于元末明初，作者将早已不存在的梁山泊作为小说叙事的核心地点，大抵袭用元杂剧的传述，可能还依据其他文字记载和民间记忆。其实，自然的和历史的梁山泊记忆如何被保留下来并不重要，那个梁山泊毕竟未曾掀起大风浪，本身没有多少叙事内容。重要的是，人们在讲述宋江故事时，为何要将这个能征善战的江湖团伙安置到梁山泊这个地方，而不是太行山。

以山而论，太行更雄伟奇峻，相形之下梁山只是一个小土丘。

或许，水泊是一个重要因素。《水浒传》擅作"水"的文章，有张顺、李俊和阮氏、童氏兄弟等一干水上健儿，湖港河汊中可大显身手，这些不必赘述。水泊更是梁山重要屏障，晁盖等人上山之初就在泊子里跟官军大

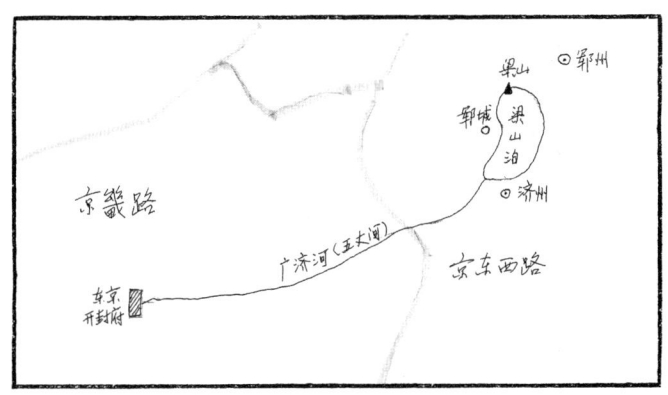

梁山泊及周边州县与东京方位示意图

战一场,后来宋江两赢童贯、三败高俅,都有精彩的水战。可想而知,若是没有梁山泊的地理条件,宋江故事里就少了许多水陆并陈的桥段。不过,这样解释的理由似乎并不很充分,水泊梁山的地理空间在元杂剧中就确定了,却未见那些水浒戏利用水泊推衍剧情。当然,现存的剧目有限,据此还难以判断早先的水浒叙事中有多少水上的戏码。

或许,还有一个更重要的因素,就是梁山泊与东京的距离。从谭其骧地图上看,从梁山泊西岸的郓城县到东京开封府,直线距离不到两百公里。两地之间不能说近在咫尺,却也往还方便。小说第七十六回写童贯率军征伐梁山泊,有谓:"当日童贯离了东京,迤逦前进,不一二日,已到济州界分。"《水浒传》叙事中对甲乙两地行程估算往往会有很大出入，这里却拿捏得很准。戏曲家、小说家大抵有一个实际概念，认为这是一个合适的距离。

梁山泊—东京，围绕这个轴心，构成了从"逼上梁山"到"瞻依廊庙"的叙事脉络。

将官方待之无奈的江湖势力摆在距离东京不远的地方，无疑是朝廷的肘腋之患。然而，在文学构想中，这也是一种便于形成对照的思路。一边是"替天行道"的梁山泊，一边是纲维弛绝的大宋朝廷，分明彰显盗亦有道的救赎之义，不啻更新了"山高皇帝远"的江湖法则。如此安排江湖与庙堂之对抗，亦隐然含有某种改良与合作的意愿。龚氏画赞称，宋江"立号既不僭侈，名称俨然，犹循轨辙"，可知水浒叙事起初就有一种超越现实的政治伦理考量，就是如何在王权体制内纳入江湖道义。

五

梁山泊—东京，水浒叙事的这个地理轴心有着极为广阔的空间指向。《水浒传》并不满足方圆几百里内的地理布局，借以故事情节推衍，其人物活动空间往往出现远距离挪移。譬如，起初由王进私走延安府，引出关西华阴县史家庄和少华山，又由史进链接到更西边渭州的鲁达（鲁智深），继而鲁达打死镇关西，流亡代州雁门关，又辗转五台山,再拉回东京,然后又陪护林冲去了沧州……这样的空间变换几乎贯穿全书。

如实说,全书东京以西的叙事并不多,但起首就往西边走,大抵是应了原初太行山的传说,宋江的聚义或许本来就在那一带。也许考虑到西部叙事偏少,小说第五十九回又安排了大闹西岳华山一出,后来的讨伐田虎、王庆,也在东京的西北和西南方向,似乎都是作为地理布局的一种平衡。想来,梁山七千人马越过北宋政权的核心地带京畿路和京西北路,抵达隶属永兴军路(包括今陕西全境)的华州,一路上不知该有多少恶仗,可是,小说里像是直接就将部队空降到指定地点,指哪打哪,毫无窒碍。作为一部整体虚构的作品,《水浒传》的空间调度具有相当率意和任性的特点。

然而,小说的空间安排却并非漫无头绪,相反倒是有着刻意而明晰的地理布局。如果不算后边征四寇部分,大抵就是一个十字形坐标系:从西端的渭州到最东边的登州,这是一条横轴(大约北纬35度至37度),华州、陕州、孟州、开封府、济州、郓州、齐州、青州……只是从齐州开始偏向东北欹出。武松和王庆待过的牢城、二龙山、桃花山等山寨,都在这条线上。再看南北方向,从洪太尉误走妖魔的信州龙虎山,到蓟州饮马川、翠屏山和九宫县二仙山,这条纵轴(大约东经

116度至118度)连接着江州、无为军、芒砀山、齐州、郓州(东平府)、东昌府、高唐州、沧州……许多情节和场景在这条线上闪回,亦串起了林冲和宋江从牢城到山寨的人生转折。

纵横相交的中心点正是梁山泊及其周边的济、郓二州。

当然,也有一些颇有故事的地点散落在纵横两轴之外,除了鲁智深的雁门、五台山,最重要的就是北京大名府,厄运连连的杨志在这里再度进入读者视野,还有倒霉的卢俊义和燕青。再有,睿思殿屏风上御书四大寇,淮西王庆、河北田虎二者,活动范围也都在纵轴西侧的两个象限角里。其实,逸出十字坐标的主要就在征四寇的叙事中。需要说明的是,王庆盘踞的"淮西",实际上是当时京西南路的房州一带,那地方在今湖北省西北部,跟淮南西路隔得很远。田虎作乱的"河北",并不在河北东路或西路,却是河东路的汾州、太原、隆德府和泽州一带,均在今山西境内。

书中征四寇部分地理描述相当简率,州县名称舛乱现象不在少数。譬如,征辽故事中频频提到的盖州,地处辽东半岛,与燕云诸州相去甚远,徽宗宣和时已在金国境内。那地方当时称辰州,金代明昌年间才改为盖州。可是征田虎时,偏偏又冒出一个盖州,其实那个山西的盖州是唐初地名,宋代称泽州(今晋城等地)。两个盖州都不是宋代地名，一个袭用从前说法，一个是以后的名称。这种地名混乱现象缘于地理空间的极度铺排，作者攒书时需要用到大量地名，只能从文献中去搜罗，亦未暇考证。

六

《水浒传》写宋江征辽，纯属杜撰，却有一点历史背景。徽宗宣和四年（1122），宋辽边境的确打起来了。《宋史·徽宗纪》有如下记述：

> （三月）辽人立燕王淳为帝，金人来约夹攻，命童贯为河北、河东路宣抚使，屯兵于边以应之，且招谕幽燕。
>
> （五月）童贯至雄州，令都统制种师道等分道进兵。癸未，辽人击败前军统制杨可世于兰沟甸……杨可世与辽将萧幹战于白沟，败绩。丁亥，辛兴宗败于范村。
>
> （六月）种师道退保雄州，辽人追击至城下。

一开始宋军贸然进攻，很快陷于不利。但是到了这年九月，辽方内部发生分裂，至年底战局彻底逆转。宋军反败为胜有两个重要原因：一是新任辽主耶律淳猝死，其内部讧乱；一是金人从北边夹攻，使之两面受敌。上述引文中"金人来约夹攻"一语很重要，《水浒传》没有提到辽人身后还有虎视眈眈的金人。其实，北宋至少五年前就确定了联金灭辽的战略方针，《徽宗纪》说到，重和元年（1118）"武义大夫马政由海道使女真，约夹攻辽"。此后又派遣赵良嗣多次出使金国"议夹攻灭辽"。由于被辽国占据的燕云诸州封堵了前往金国的通道，宋、金两国密使往来只能经由山东半岛至辽东半岛的海上交通线。这跟三国时孙权试图联结辽东公孙渊南北夹攻曹魏是一个套路，当年东吴特使也是经由海路赴辽东。孙权最终未能搞定公孙渊，远交近攻之计半途夭折。可是，这回徽宗得金人相助，成就煌煌灭辽之举，却不为史家所赞诩（事实上史家历来很少张扬这次胜利），《宋史》将联金灭辽的首谋者赵良嗣与蔡京同列奸臣传，靖康元年（1126）即有大臣检讨其事，斥之"败契丹百年之好，使金寇侵陵，祸及中国"。所谓联金灭辽，终究是自己刨坑将自己给埋了，仅三四年光景金人就占据了整个北方，将大宋国地盘压缩到长江以南。

《水浒传》第八十九回写辽主派丞相褚坚前往东京进贡金帛岁币，正是附会《宋史·徽宗纪》宣和四年冬十月"耶律淳妻萧氏上表称臣纳款"之事，小说给出的时间也相当吻合，辽主表章和徽宗诏书都落款于"宣和四年冬月"。小说家将此作为梁山和朝廷的胜利，实在是罔顾当日的地缘政治和军事地理形势。

也许小说家真的是不了解宋辽之间的历史状况，甚至都不知道两国的疆界在哪里。其实在征辽之前，小说叙事早已一再深入辽国地界。如杨雄、石秀的故事就发生在蓟州，还有戴宗和李逵往蓟州找寻公孙胜，前前后后串起不少人和事。按说，自五代石敬瑭割燕云十六州与契丹，蓟州一直在辽境之内（按《宋史·地理志》，宣和四年收复燕云诸州，置燕山府路和云中府路，蓟州属燕山府路），但是在征辽之前的蓟州叙事中，让人觉得那仍是宋人地界，从职官、制度到民俗世相，摹写的情形都与内地别无二致。

七

鲁迅将《水浒传》视为讲史小说，大概是因为此书采用了一种附会历史的写法。书中除了时而出现徽宗赵佶、蔡京、童贯、高俅、杨戬这些真实人物（宋江受招安时张叔夜也出场了，甚而侯蒙后来也成了宋江讨伐王庆的行军参谋），更是在地名和地理关系上大做文章。作者要让人相信这就是历史，尽量不作悬空叙事，而是将虚构的事件纳入一种似乎真实的历史框架——时间、地点、人物，这是编织历史维度的基本要素。所以，小说里州县两级政区尽量采用真实地名，虚构地名只是祝家庄、曾头市这类县以下村寨（有趣的是，当今小说和电视剧则流行虚化背景的"悬空剧"，现实题材作品中省、市名称都习惯于杜撰），并且，通过大范围的转徙以呈示山川地理，铺开层出不穷的州军县镇。

可是，要还原两个半世纪之前的地理状况（从《水浒传》成书之元末明初上推北宋末年），并非易事。由于历代政区变易频仍，其时确亦难以考证，况且采入不同时期的水浒叙事驳杂不一，夹带的地理信息不免多有舛误。

譬如，小说第二十三回"横海郡柴进留宾"回目中，"横海郡"应为横海军之误，当时沧州受横海军节度，若以郡名相称则是景城郡。此类纰缪，书中自然不少，柴进陷身的高唐州亦是一误，宋代只有高唐县，属河北东路博州（治今山东聊城），高唐州为元代设置（治今高唐县）。其实，没羽箭张清镇守的东昌府就是博州，元代为东昌路，直到明初才改为东昌府。另外，小说里多次提到的凌州（水火二将单廷珪、魏定国原是凌州团练使，曾头市就在凌州西南）疑为元代的陵州（今属山东德州）。《元史·地理志》谓："陵州，本将陵县，宋、金皆属景州。"但《元志》亦误，将陵县宋代属永静军，景州实为唐代和金代的名称。

再看第七十二回，宋江与柴进等人元宵节往东京看灯，明确交代路线——"取路登程，抹过济州，路经滕州，取单州，上曹州来，前望东京万寿门外，寻一个客店安歇下了。"从梁山泊去东京应该往西南方向走，为何要从东南方向的滕州绕行，书中没有解释。且不说这个，滕州并不是当时的名称，这地方宋代是滕阳军，金大定二十四年（1184）才改为滕州。曹州这说法也不对，那也是唐代和金代的名称，偏偏宋代称兴仁府。再有，小说第三十九回提到的无为军，所在方位完全不对。宋江浔阳楼题反诗，引出无为军通判黄文炳——"且说这江州对岸，另有个城子，唤做无为军。"其实，无为军在庐州巢县（属淮南西路），辖境相当今安徽无为、庐江、巢湖等市县（治今安徽无为县）。从地图上看，江州跟无为军隔着五六百里水路，这硬是捏到了一处。

这类方位错误实不止一处两处。第二十三回，武松从沧州回清河县看望哥哥，途经阳谷县景阳冈，打虎哄动县治，被知县召为步兵都头。知县说，"虽你原是清河县人氏，与我这阳谷县只在咫尺。我今日就参你在本县做个都头如何？"其实，清河县并不挨着阳谷县，而是远在北边的恩州（与沧州、大名府同属河北东路），而阳谷属京东西路的东平府。从沧州到清河，无论如何不可能走到南边的阳谷县。

小说人物转徙江湖,行走千里,涉及的路线与地理方位最容易出错。第三十六回,济州府尹将宋江刺配江州,上路后宋江对两个押解的差役说:"实不瞒你两个说,我们今日此去,正从梁山泊边过……"果如宋江所料,山寨里早就派人在小路上迎候着。其实,从济州去江州是往南走,不会经过梁山泊,因为济州本身就在梁山泊以南。按说,小说家对梁山泊周边地理状况应该最熟悉,偏偏这里就出错。

书中类似的错误,还有第六十一回卢俊义离家避灾的路线。吴用要赚卢俊义上山,扮作算命先生诓骗他往东南千里之外躲避血光之灾,书中将其目的地定为泰安州,结果途经梁山泊就被弄到山上去了。且不说泰安州是以后金代所置(宋代属兖州),其实泰安并非在大名府东南,而是在它的正东,此行根本不需要经过东南方向的梁山泊。

更错乱的是第十六回杨志解押生辰纲的路线,杨志对梁中书说:"今岁途中盗贼又多,此去东京,又无水路,都是旱路。经过的是紫金山、二龙山、桃花山、伞盖山、黄泥冈、白沙坞、野云渡、赤松林。这几处都是强人出没的去处……"这些都是虚构地名,作者自定义的地理方位却把自己绕糊涂了。按后边第三十一回、三十三回交代,二龙山、桃花山都在青州地界。问题是东京在大名府西南方

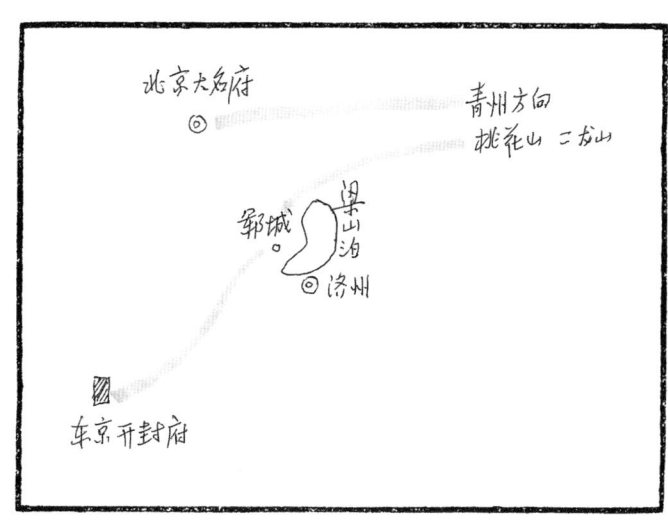

大名府与东京的方位关系,以及小说叙述的生辰纲押运路线

向,往东边的青州走,方向就反了。从书中判断,黄泥冈应该在郓城县境内或周边,也实在不该经过这里。杨志描述的路线大抵绕出了千里之遥。

上述几例,倒是错也错的有其道理,明显是要将人们行走路线兜转到梁山泊。这里隐隐有着地理布局的"梁山中心取向"。本来是啸聚山林,却要弄成四方辐辏之地,这不只是情节安排的需要(情节完全可以另做安排),更像是小说的一种内在结构。

二〇一八年六月至七月记
原刊《书城》二〇一八年九月号

第九讲

若干人物、署置及其他故事

老种与小种经略相公

《水浒传》第三回,史进往延安府去寻找师父王进,却走到了渭州。在茶馆向人打听王教头,恰遇经略府提辖鲁达(即鲁智深),便问经略府中有无王进此人。但鲁达告诉他,找错地方了——"洒家听得说,他在延安府老种经略相公处勾当。俺这渭州,却是小种经略相公镇守,那人不在这里。"老种经略相公和小种经略相公各是什么人,他们是什么关系?书中说得很明白,二人是父子关系。稍后,鲁达打死郑屠,府尹来经略府通告案情,准备抓人。经略回答府尹说:"鲁达这人,原是我父亲老经略处军官,为因俺这里无人帮护,拨他来做个提辖。"所以,抓人之前先要禀告他父亲。但这句话常被人忽略,网上许多文章(包括百度百科"经略"和"经略府"词条)都说老种、小种是

鲁提辖拳打镇关西，明刊容与堂本插图

兄弟二人，即北宋名将种师道和种师中，其实此说大谬。

如果按书中说法，老种经略相公是小种经略相公的父亲，那就是师道和师中的父亲种谔。《宋史·种谔传》叙其在延安周边青涧、米脂一带与西夏作战，曾为鄜延经略安抚副使，又谓其晚年"知延州"（按：延州是沿用唐代说法，北宋称延安府），这跟小说所说镇守延安相吻合。然而，小种经略相公是指师道还是师中，却不太好认定。按各自本传，二人履历中分别有"知渭州"和"知秦州"的记载。秦州与渭州相邻，军事上为同一辖区。北宋时期西北边衅不断，永兴军路和秦凤路（即今陕西、甘肃、宁夏等地）设经略安抚司，多由帅府之知州、知府兼任安抚使（《宋史·职官七》："旧制，安抚总一路兵政，以知州兼充。"）。这样看来，小种经略相公这一角色，说是师道或是师中多少都有依据。

可是，种谔死于神宗元丰六年（1083），而《水浒传》讲述王进去延安投奔老种经略相公已是徽宗登基之后，前后隔了将近二十年。从时间上看，王进、鲁达所说的老种经略相公不应该是种谔。反过来说，师道、师中守边之日，大抵在徽宗政和至宣和年间，恰与小说里此段叙事背景大致吻合。如果排除了种谔，老种经略相公就该是种师道——其实，这说法本身倒是来自《宋史》，本传谓："时师道春秋高，天下称为'老种'。"史书上有这说法，似乎是最硬的依据。

但问题是，小说毕竟不是历史著作，附会历史人物、事件，并不一定要丝丝入扣，所以不能仅据史实去坐实小说里的人和事。而且，这里最重要的一点是，以师道、师中兄弟分称老种、小种，明显不合汉语称谓习惯。老小之谓应是辈分不同，平辈中的长幼区别则以大小称之。如宋人以老苏、大苏、小苏称苏洵父子，区分甚明："（苏洵）父子名动京师，而苏氏文章擅天下，目其文曰三苏，盖洵为老苏，轼为大苏，辙为小苏也。"（王辟之《渑水燕谈录》卷四）古人这类称呼不一定都用于父子家人，如以老杜小杜指杜甫、杜牧，首先是年辈的区分。小说里李逵上了梁山，嚷嚷要杀去东京——"晁盖哥哥便做了大皇帝，宋江哥哥便做了小皇帝"（第四十一回），江湖上异姓兄弟亦以年齿分大小。

其实，种氏三代守边，祖孙俱有将材。当年师道、师中的祖父种世衡受知于范文正公，屯守鄜州、延安一带，筑青涧城、细腰城，抵御西夏诸羌，卓有建树。世衡数子亦皆著战功，种古（一作诂）、种谔、种诊三者，关中号称"三种"。幼子种谊镇守延安，西夏人竟闻风溃去，延安军民称道"得谊，胜精兵二十万"。世衡祖孙事略见《宋史》种氏诸传。如此可见，老种小种之谓，自亦难免纷营之说。

小王都太尉与殿帅府太尉

《水浒传》第二回叙说高俅发迹之事，牵扯到苏轼和王诜，即书中称"小苏学士"和王晋卿者。按说"小苏学士"应指苏辙（苏辙亦确"代兄为翰林学士"），可是跟高俅真能扯上关系的却是其兄"大苏学士"。宋人王明清《挥麈后录》说高俅本是苏轼门下侍童。但小说里说是开药铺的董将士推荐高俅去小苏学士那儿，而后者"知道高俅原是帮闲浮浪的人"，压根就没留下，转手给了王晋卿。这样处理大概是不欲玷污苏门清誉。

高俅踢得两脚好气毬,明刊袁无涯本插图

王晋卿，即王诜（字晋卿），此人擅书画，工诗词，是东坡朋友圈里的人物。东坡《仇池笔记》卷下有两则记其造墨之事，一谓："王晋卿造墨，用黄金、丹砂。墨成，价与金等。"又谓："元祐中，驸马都尉王晋卿，置墨十数品。杂研之，作数十字，以观色之浅深。若果佳，当捣和为一品。昔在黄州，邻近四五州送酒，合置一器，谓之雪堂义尊，今又为雪堂义墨耶？"这里可以看出，他很会玩风雅，而且跟苏轼关系很铁。

王诜是北宋开国勋臣王全斌之后，娶英宗次女魏国大长公主，为左卫将军、驸马都尉。小说家笔下将这驸马爷称作"小王都太尉"，或干脆直呼"太尉"，俨然给人执掌军事的印象。其实，他只是在宫禁宿卫部门挂了个虚衔。据《宋史·职官六》："诸卫上将军、大将军、将军，并为环卫官，无定员。皆命宗室为之，亦为武臣之赠典；大将军以下，又为武官责降散官。"作为皇家姑爷，王某少不了这类赠官和酬佣。

小说又称："这太尉乃是哲宗皇帝妹夫，神宗皇帝的驸马。"此说却是差了一辈，他是神宗的妹夫，算起来应该是哲宗、徽宗的姑丈。王诜此人《宋史》无传，英宗四女传附其行迹概略，主要叙其夫妻关系，还有就是他与侍妾通奸之事。除此，其人其事散见于《宋会要辑稿》《续资治通鉴长编》诸史。说来王诜一生亦颇有起落,先是因苏轼乌台诗案被削爵,而公主死后又贬徙均州,直到哲宗元祐初才恢复驸马都尉的爵号,后出为登州刺史。

据《挥麈后录》卷七,王诜是推助高俅发迹之关键。所述高俅如何从苏门到王门,又怎样结识端王诸事,过于戏剧化,未必十分可信,却是小说叙事之原型。其谓:

> 高俅者,本东坡先生小史,笔札颇工。东坡自翰苑出,帅中山,留以予曾文肃。文肃以使令已多辞之,东坡以属王晋卿。元符末,晋卿为枢密都承旨时,祐陵为端王。在潜邸日已自好文,故与晋卿善。在殿庐待班解后王,云:"今日偶忘记带篦刀子来,欲假以掠鬓,可乎?"晋卿从腰间取之,王云:"此样甚新可爱。"晋卿言:"近创造二副,一犹未用,少刻当以驰内。"至晚,遣俅赍往。值王在园中蹴鞠,俅候报之际,睥睨不已,王呼来前询曰:"汝亦解此技邪?"俅曰:"能之。"漫令对蹴。遂惬王之意,大喜,呼隶辈云:"可往传语都尉,既谢篦刀之贶,并所送人皆辍留矣。"由是日见亲信。逾月,王登宝位。上优宠之,眷渥甚厚,不次迁拜。

这中间还多了曾布一处(即文中所谓曾文肃者,徽宗登基后拜右仆射），这不去说它。让人惊讶的是，小说中高俅被端王青睐的情节全都来自此处描述——只是换了道具，让高俅送入端王府的物件，原本是梳头的"篦刀子"，换成了一对羊脂玉镇纸和玉龙笔架。高俅仅凭蹴鞠本领就能平步青云，好像纯属儿戏，却并非小说家虚构。

小说里，端王成为徽宗后，不到半年就让高俅做了殿帅府太尉。如此闪电般提拔，更让人匪夷所思。奇怪的是，高俅这等位陟显赫的人物，《宋史》竟未予立传（佞幸传、奸臣传也没有他），他的出身和发迹仅见诸少数野史笔记。不过，《徽宗纪》有两处提到他：一是政和七年（1117）春正月"以殿前都指挥使高俅为太尉"，一是宣和四年（1122）五月"以高俅为开府仪同三司"。至于他何时开始执掌殿帅府（即殿前司），却未见记载。政和七年，已是徽宗登基后的第十七个年头。

所谓"殿帅府太尉"，是小说家杜撰的职衔，大抵出自《徽宗纪》"以殿前都指挥使高俅为太尉"的记述。其实自政和二年官制改革后，太尉作为武臣阶官之首，已不再属三公之列。不过，能在武臣序列中获得最高品秩，亦足见徽宗之渥眷。高俅的本职大概仍是殿前司那摊事儿，后来小说第七十八回写高太尉率十路节度使讨伐梁山泊，显然不合北宋军事制度。

高俅执掌的殿前司与侍卫马军司、步军司合称"三衙",其职责是掌管在京与更戍各地的禁军。《宋史·职官六》对此有详尽说明,概谓:"掌殿前诸班直及步骑诸指挥之名籍,凡统制、训练、番卫、戍守、迁补、赏罚,皆总其政令……入则侍卫殿陛,出则扈从乘舆,大礼则提点编排,整肃禁卫卤簿仪仗,掌宿卫之事。"名义上殿前都指挥使统辖全国禁军(即中央统辖的正规军,地方部队则为厢军),实际上主要是名籍管理和日常训练,部队更戍调防在他那儿走个程序而已。北宋最高军事机构是枢密院,军事行动一般都由文官(或宦官)出任的枢密使调度指挥,殿前司实无权调遣兵马。其实,在水浒叙事的政和后期至宣和年间,多由宦官童贯以枢密使统制各路节度使。高俅既不能插手军事,只能摆弄卤簿仪卫之类,鞍前马后替皇上编排一些娱乐性的典仪节目。孟元老《东京梦华录》记述高俅某次侍卫殿陛的场面,很像是令人发噱的文艺演出——

殿门内外,及御街远近,禁卫全装,铁骑数万围绕大内。是夜内殿仪卫之外,又有裹锦缘小帽、锦络缝宽衫兵士,各执银裹头黑漆杖子,谓之"喝探"。兵士十余人作一队,聚首而立,凡十数队。各一名喝曰"是"与"不是"。众曰:"是!"又曰:"是甚人?"众

曰:"殿前都指挥使高俅!"更互喝叫不停,或如鸡叫。(卷十"车驾宿大庆殿"条)

这是充满仪式性、娱乐性的狂欢之夜,使出了佞幸之臣的看家本领。

从蹴鞠明星到"殿帅府太尉",是小说中高俅的发迹之途。从史书上看,高俅虽说并未真正握有兵马大权,伺奉御驾却亦颇显威仪,实在是混得油腻。武臣官阶混到顶了,接下去又弄了个开府仪同三司,这是使相一级(从一品)的文官散阶。宋代官场里是重文轻武,武阶转文臣大概也算是一种恩惠。

蔡九知府与蔡京诸子

宋江刺配江州,进入小说叙事的一个高潮。第三十七回,宋江被押解到江州,引出府尹蔡九——"原来那江州知府,姓蔡,双名得章,是当朝蔡太师蔡京的第九个儿子,因此江州人叫他做蔡九知府。那人为官贪滥,作事骄奢。"后来宋江差点就死在他手里。

因为浔阳楼吟反诗被黄文炳窥破,蔡九知府将宋江押在死囚牢里,派人往东京给父亲蔡京送信,请示如何处理。所幸送信人是神行太保戴宗,吴用让人伪造蔡京书信,命将宋江押往东京，以便途中解救。不料，信中落款图章被黄文炳看出破绽，这下连戴宗也搭进去了。小说中出现的蔡九跟北京大名府梁中书一样，以蔡太师儿子女婿各为一方诸侯，表现其权势之盛。但蔡九是一个粗鄙的草包，名曰得章，竟不知父亲家书该用什么图章。

书里说蔡九知府是蔡京第九个儿子，这是小说家刻意杜撰。《宋史·奸臣传二·蔡京传》明确说蔡京"子八人"，并无第九个儿子。蔡传载录名字的儿子有五人：攸、儵、絛、翛、鞗。这五个儿子全是人字偏旁的单名，这大概是宗谱上的定例。小说里偏偏给蔡九取双名得章，又不在八子之列，分明是作为保留叙事自由的手段。小说家既要附会历史，又不想完全被框定在某些真实的人事关系中，所以就虚构了这样一个不存在的历史人物。

据《宋史》蔡氏诸传，蔡京得势之日，他几个儿子亦颇受恩宠，蔡攸、蔡儵、蔡絛皆为大学士，蔡翛官至礼部尚书，蔡鞗娶茂德帝姬（公主），成了驸马爷。但蔡京一门并不因为富贵荣耀而其乐融融，他的这些儿子并不都像蔡九知府那样听从父命，其父子关系颇为复杂。如长子蔡攸与弟蔡翛结成一伙，后来跟蔡京闹得势同水火。如《蔡攸传》所谓："（蔡攸）后与（蔡）京权势日相轧，浮薄者复间之，父子各立门户，遂为仇敌。"亦如《蔡絛传》云："时（蔡）絛弟兄亦知事势日异，其客傅墨卿、孙傅等复语之曰:'天下事必败,蔡氏必破,当亟为计。'儵心然之,密与(蔡)攸议,稍持正论,故与(蔡)京异。"宣和六年(1124),蔡京再度出山,这两个儿子却已料到大厦将倾,便早早地跟蔡京做出切割。

与蔡京贴心的是第三子蔡絛,一直服侍老爸身边,蔡京晚年"目昏眊不能事事",大小决策乃至文牍判析全赖于蔡絛(《蔡京传》)。这样,蔡攸就将这位季弟视为眼中钉,其传竟谓:"以季弟(蔡)絛钟爱于(蔡)京,数请杀之,帝不许。"这就是《蔡京传》所谓"兄弟为参商,父子如秦越"的局面。

蔡絛有《铁围山丛谈》一书,记述北宋朝廷掌故,涉及蔡京事略颇多(因蔡京曾封鲁国公,书中称蔡京为"鲁公"),自然是以文过饰非,为之百般回护。那些都不必说了。是书卷四有一则,写到"小王都太尉"王晋卿与徽宗之亲昵关系。说是王晋卿家有半幅《蜀葵图》,徽宗尚为端王时,访得另一半,借去晋卿手里半幅,让匠人裱成全图,又送给了晋卿。

柴大官人与丹书铁券

林冲刺配沧州,幸遇柴进,这是《水浒传》第九回情节。村外酒店主人跟林冲说起柴进,有这样一句话:"他是大周柴

小旋风柴进，明陈洪绶水浒叶子

世宗子孙。自陈桥让位，太祖武德皇帝敕赐予他誓书铁券在家中，谁敢欺负他？"后来第五十二回，高廉的小舅子殷天锡要霸占柴进叔叔柴皇城的宅子，柴皇城也说："我家是金枝玉叶，有先朝丹书铁券在门，诸人不许欺侮。"既是柴世宗嫡派子孙，因当年禅让之功，自有某种不惧官府的特权。

其实，当年禅让的不是柴世宗，是他的儿子后周恭帝柴宗训。恭帝即位时才七岁，旋遭陈桥兵变，赵匡胤既已坐大，小皇帝只能顺势退位。赐予柴氏铁券，盖因太祖心存感念，这事情或许只能如此作想。其实不必如此作想，这只是小说家的臆构。

恭帝宗训是柴世宗第四子，世宗有七个儿子，前边三个幼时为后汉所诛,后边三个是熙让、熙谨、熙诲,恭帝即位后皆有封拜。但据《新五代史·周世宗家人传》,恭帝这三个弟弟也不可能留有嗣息,有谓:"皇朝乾德二年十月,熙谨卒;熙让、熙诲,不知其所终。"乾德二年(964)尚在北宋开国之初,此距显德七年(960)恭帝禅位不过四年光景,他们死亡和失踪时还是未成年的孩童。世宗七子中唯独可能留下种嗣的是恭帝宗训,他那两个不知所终的弟弟即使尚在人间,也失去了承祧家门的身份。恭帝逊位后被封为郑王,好歹活到二十岁,史书上没说是怎么死的。他这年纪好歹可以留下个一儿半女,但新旧五代史均未提及他是否有后人。如果柴氏一族未能延祚后世,宋太祖赐予的丹书铁券又怎能到了柴进手里?

历史的重要节点往往疑云重重。史家关于陈桥兵变的戏剧化描述之后,再看"熙谨卒。熙让、熙诲,不知其所终"这句话,好像突然切入一个死寂的空虚画面,很难说这背后是否有着烛光斧影的内幕。想想,这事情不觉得有些诡异?

不过,这倒有利于小说家结撰柴进的铁券故事。如果说,世宗和恭帝的后人也像吴越钱氏(钱镠后人)那样被诸史载录,小说家硬是节外生枝另扯一套,跟那些有名有姓的历史人物合不上榫卯,反倒不妙。

柴进并非自《水浒传》才出现的人物,在龚开的赞序和《宣和遗事》开列的宋江三十六人名单中，都有他的名字。可是细看《宣和遗事》叙述宋江等人上山缘由，三十六人中唯独没有提到柴进是怎么来的。龚赞三十六人名下各有一首偈语，称颂柴进的四句是："风有大小，黑恶则惧。一噫之微，香满太虚。"前两句是与黑旋风李逵相对照，后两句大概是说此人具有四两拨千斤的神功。这里完全看不出他的家世和身份。也许正因为他来历不明，小说家干脆让他充当柴世宗的嫡派子孙，因为角色各异的江湖人物中需要一个饶有家业的天潢贵胄，需要这样一个握有丹书铁券，能够接济天下好汉的柴大官人。

丹书铁券倒不是小说家臆造，古人文字记述甚多。此物据说汉代就有了，最初是以朱砂填字，故有其名。但唐代以后，铁券上的字迹改用黄金镶嵌。宋人程大昌《演繁露》对其形制有描述："形似半破小木甄子，曲处著肚，上有四孔穿绦处，其文于外面镌陷金。"（卷十"铁券"条）可惜《水浒传》里未将铁券示人，也就没有写出它的样子。柴进到高唐州为叔叔争宅子，派人回沧州去取丹书铁券，不料李逵打死殷天锡连累了柴大官人，后面的事情只能是梁山泊武力解决，传说中的丹书铁券始终未予露面。

元人陶宗仪《辍耕录》记述亲见吴越王钱镠后人所藏铁券。那是唐昭宗乾宁四年（897）赐予时为镇海、镇东节度使钱镠的一枚。据描述，"形宛如瓦，高尺余，阔二尺

许,券词黄金商嵌"。陶氏全文抄录了券词,其中果然有免罪之语:

> 唯我念功之旨,永将延祚子孙,使卿长袭宠荣,克保富贵。卿恕九死,子孙三死。或犯常刑,有司不得加责。(卷十九"钱武肃铁券"条)

《水浒传》几次提到丹书铁券,无非也是标榜这种特权。对于游走江湖的柴大官人来说,这似乎意味着一种合法性存在,正是王权的恩典给予"犯上作乱"的活动空间。从前太史公作《史记》,特别彰显那种"任侠"和"养士"的观念,这柴大官人也像信陵君、孟尝君一类君侯公子,有着某种不受羁束的特殊身份。

明人沈德符《野获编》也说到铁券,却没说是哪朝哪代的东西,其谓:

> 公、侯、伯封拜,俱给铁券。形如覆瓦,面刻制词,底刻身及子孙免死次数。质如绿玉,不类凡铁,其字皆用金填。券有左右二通,一付本爵收贮,一付藏内府印绶监备照。所谓免死者,除谋反大逆,一切死刑皆免,然免后即革爵革禄,不许仍故封,盖但贷其命耳。此即问之世爵诸公,其言皆如此。(卷五"左

右券内外黄"条）

从这里看，铁券的免罪是有限度的。如果说，宋太祖的誓书也排除了"谋反大逆"这一条，柴大官人暗通梁山泊的行为已是罪不可赦。可是，如果说柴进真是后周世宗、恭帝一脉，灯下抚拭祖上传下来的铁券，埋首之际一定会想到陈桥驿那个遥远的夜晚。

至 于 大 伾

宋江征辽期间，在蓟州与公孙胜往九宫县二仙山拜谒罗真人，破辽后又陪鲁智深去五台山参礼智真长老。至此，道、释两门高人都给出了法语偈语，内中玄机无非是暗示功名事业毕竟大限有终，其实人生或有另一种选择。后来回师东京途中，经过双林镇，燕青遇上旧友许贯忠。此人在山中结庐而居，燕青来到这山里，见重峦叠嶂，山明水秀，心中略生隐退之意。这是《水浒传》第九十回叙述的一个插曲。书中特意介绍："原来这座山叫做大伾山，上古大禹圣人导河，曾到此处。"大伾山，或作大邳山。《尚书·禹贡》记大禹治河，有"东过洛汭，至于大伾"之说。一座有故事的山岳，难免让人浮想联翩。

《水经·河水》有谓"河水东迳成皋大伾山下"，据此可知，此山在今河南荥阳地界，亦即汉末诸镇讨伐董卓发生虎牢关大战的地方。从谭其骧《中国历史地图集》（第六册京西北路）看，北宋时期这里处于孟州和郑州交界处。不过，唐代以后的说法有些变化，将大伾山的地点挪到了黎阳县。《括地志》卷二："大邳山今名黎阳东山，又曰青坛山。"张守节《史记正义》注《河渠书》"至于大伾"，曰："在卫州黎阳县南七里是也。"

黎阳，即今河南浚县，北宋神宗之前为安利军，后期为卫州浚县，又升为州。其政区沿革见《宋史·地理二》河北东路："浚州，平川军节度。本通利军。端拱元年，以滑州黎阳县为军。天圣元年，改通利为安利。四年，以卫州卫县隶军。熙宁三年废为县，隶卫州。元祐元年复为军。政和五年升为州，号浚川军节度。"

小说里也说大伾山在浚县，即谓"今属大名府浚县地方"。其实，这是元明时期的政区划分。浚县，元代称浚州，属大名路；明代废为县，属大名府。查谭其骧地图（第七册中书省南部），大伾山的图标就在浚州旁边。说来浚县（或曰黎阳）也是古战场。《三国志·魏志·武帝纪》建安四年："秋八月，（曹）公进军黎阳……"曹操、袁绍之间的官渡大战就在黎阳拉开序幕。选择在这样一个地方隐居，幽梦中似乎都能听见无数厮杀的喊声。

燕青辞别时，许贯忠以一轴手卷相赠，说："这是小弟近来的几笔拙画。兄长到京师，细细地看，日后或者亦有用得着处。"这里留下一个悬结。下一回征田虎时，进入泽州（今山西晋城一带）地界，但见此地山川险峻，宋江、吴用大伤脑筋。这时燕青拿出许贯忠那轴手卷，原来是三晋山川城池关隘之图。吴用不由赞叹"诚天下有心人也"。世外之人有此用心，尘俗之辈或逆向作超然之想，这首鼠两端的价值困境，透出梁山悲剧一层底色。

庄院与堡砦

《水浒传》里的庄院多有自己的武装，所谓"庄客"，大抵就是庄院主人雇佣的兵勇，不同于一般杂役。不过书中的表述比较含混，只是第四十一回，穆弘兄弟随宋江上梁山，有这番交代："庄客数内有不愿去的，都赍发他些银两，自投别主去；佣工有愿去的，一同便往。"其中将庄客与佣工分别称述，可见是职事不同。在兵荒马乱时期，庄主要靠庄客组成的自卫武装护守家园。

梁山人物中，史进、柴进、晁盖、宋江、宋清、孔明、孔亮、穆弘、穆春、李应、扈三娘这几位，上山前各有自家庄院，也都习枪弄棒，豢养庄客。只是晁盖和宋江父子收容庄客不多，算不上武装组织。所以，劫生辰纲之后官军来剿，晁盖只能跑路，同样宋家庄亦无力与官军对峙。以前因为他们尚在体制内（晁盖是村里的保正，宋江在县衙做押司），又地处县城近旁，平日做事比较收敛。

那些庄院武装，那些拖枪拽棒的庄客，既不属于官方"籍民为兵"的乡兵，也不同于江湖上的武装团伙，自是官军与山寨之外的第三种存在。这种势力可以转向与官军对抗而啸聚山林（甚至像柴进的庄院早已是暗通梁山泊的秘密窝点），抑或相反成为梁山泊的敌人——如祝家庄和曾头市。

但祝家庄和曾头市比较特殊，这两处远非一般村野聚落。书中介绍，祝家庄连同东西两边的李家庄、扈家庄"总共有一二万军马人家"（按钟离老人所说，"只我这祝家村，也有一二万人家"），而祝家庄本身"自有一二千了得的庄客"。第四十七回，写李应修书保释时迁，被拒后亲往祝家庄要人，到了庄前有这样一段描述：

> 原来祝家庄又盖得好，占着这座独龙山冈，四下一遭阔港。那庄正造在冈上，有三层城墙，都是顽石垒砌的，约高二丈。前后两座庄门，两条吊桥。墙里四边，都盖窝棚，四下里遍插着枪刀军器，门楼上排着战鼓铜锣。

这完全就是一座工事齐备的城池，有城墙，有护城河，且不说村内还有复杂的盘陀路。同样，曾头市也是人马众多，固若金汤。小说第六十回，梁山出兵前，戴宗打探来的消息是，那里有三千余家，聚集着五七千人马。梁山好汉到了跟前，更见其险隘之处：

> 周回一遭野水，四围三面高冈，堑边河港似蛇盘，濠下柳林如雨密。凭高远望，绿阴浓不见人家；附近潜窥，青影乱深藏寨栅。村中壮汉，出来的勇似金刚；田野小儿，生下地便如鬼子。果然是铁壁铜墙，端的尽人强马壮。

这曾头市跟祝家庄一样，各有几个能征善战的彪悍公子（祝家庄是龙、虎、彪三者，曾头市是"曾家五虎"），也都延聘武艺高强的教头操习队伍，如祝家庄之栾廷玉，曾头市之史文恭、苏定。这些教头亦是军官出身，战时便是指挥官。所以，梁山泊三打祝家庄打得格外艰苦。打曾头市先是折了晁盖，后一次出兵两万多人总算搞定。说实在，梁山泊攻打官军镇守的高唐州、青州、华州和大名府等州府城邑，都不曾如此费力。

以规模和兵力而论，祝家庄、曾头市更像是兵民杂居的军事聚落，犹如原先花荣的清风寨一类。当然，清风寨是官方设置的军政单位，大率属于县衙行政级别，而祝家

宋公明三打祝家庄，明刊容与堂本插图

庄、曾头市则是乡村或草市镇。小说里写到这两处地方，显然是比照那种军事聚落来描述的。

清风寨自然也是虚构的地名，但宋代确有这样的军政单位。《宋史·地理志》概述河北、陕西诸路及成都府路政区分布，州府属县之外，多见有"砦"（砦，同寨）或"堡"的名称，如永兴军路延安府属下有平羌砦、开光堡等十几个堡砦，那些就是地处乡镇的军事据点。这类统称堡砦的聚落主要分布于北宋与辽、西夏和羌人交界地带，其武装组织属于宋代兵制中禁军、厢军之外的乡兵，主要由乡民抽丁组成。《宋史·兵志四》有谓："乡兵者，选自户籍，或土民应募，在所团结训练，以为防守之兵也。"那些

第九讲　若干人物、署置及其他故事

出兵丁的人家称为"砦户",是屯守边地的农牧民。这种乡土武装的组织形式显然是小说家描述祝家庄、曾头市的蓝本,而所谓庄客,虽说带有雇佣兵性质,却也未必不是来自本乡本土。

但是祝家庄在郓州,曾头市在凌州,并非处于西北边陲,其防御目标大抵就是梁山泊一类江湖武装。小说里虚构此类堡砦作为山寨的对立面,旨在营造一种复杂的社会形态,亦借以表现故事的丰富性。需要说明的是,宋代并无凌州,此名很可能是陵州之误。其实陵州是元代的说法,宋代称永静军。小说第七十三回,燕青、李逵寻找刘太公女"直到凌州高唐界内",亦是胡乱凑泊的地名,虽说高唐(县)距陵州(县)不远,但宋元时期均属不同政区。

杨志的路线图

《水浒传》里杨志出场在第十二回。林冲下山去纳投名状,不期遇上杨志,斗得难分难解。王伦见其武艺高强,想拉他入伙以牵制林冲。问起来历,杨志自报家门,乃杨老令公之孙,本系殿司制使官。又道:"道君因盖万岁山,差一般十个制使去太湖边搬运花石纲,赴京交纳。不想洒家时乖运蹇,押着那花石纲,来到黄河里,遭风打翻了船,失陷了花石纲,不能回京赴任,逃去他处避难……"

杨志自述中有一个问题，就是从太湖采办的花石纲，不可能经由黄河运往东京（开封）。北宋末年，黄河河道在开封北边，即酸枣（今河南延津）、滑州（今河南滑县）一线以北，距离开封尚有近二百里旱路（见谭其骧《中国历史地图集》第六册京畿路）。载运花石纲的船只，可能是从泗水（南清河）经由菏水而来，再转入从梁山泊至开封的五丈河（广济河）。五丈河是北宋漕运主要渠道之一。另外一条连接京师的航道则是汴河——自隋代开通直达泗州（今江苏盱眙）的通济渠后，这条被重新称为汴河的水道替代了通往徐州的古汴渠，亦为漕运主要运道。据《宋史·食货上三》漕运一节，北宋时期由江淮两浙输入京师的漕米和其他物资，主要经由上述两条路线。

但杨志押运花石纲似乎走的是另一条水道。杨志的故事原出《宣和遗事》，其中说与杨志一同当差的李进义等十人已经抵达京城，而杨志在颍州（今安徽阜阳）等候孙立，却被大雪所阻。颍州是颍水的一处码头，早先魏晋时期由淮水、颍水向北的船只在项城附近的蔡口镇进入蔡河（古蒗荡渠），可一路抵达开封。按这样说，运送花石纲的路线却是淮水—颍水—蔡河这条航道。但是，很难说这条年湮代久的航道是否尚能通行。

《宣和遗事》没有提到翻船之事，只因杨志身上盘缠告

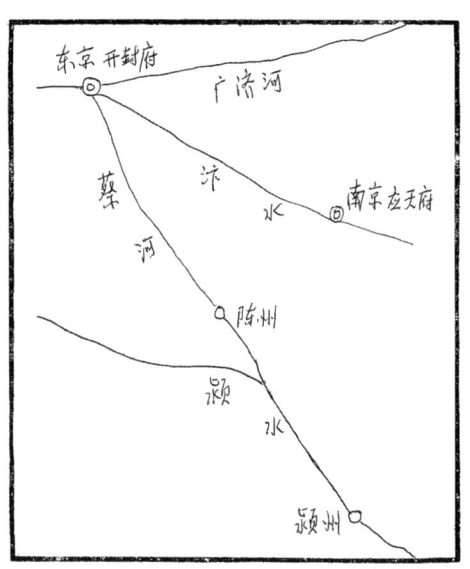

从颍州到东京的水道示意图

馨,提前上演了小说里卖刀和杀牛二的一幕,结果吃了官司,刺配傺州(古今地名中并无这个州府)。然而,杨志正要被差人遭送彼处,久等不来的孙立出现了,奋力救出杨志——"同往太行山落草为寇去也"。《水浒传》将杨志失陷花石纲扯到黄河里翻船,大概是由这里所说往太行山落草一语演绎而来。小说将出事地点挪至黄河,显然是南辕北辙。颍州在开封府偏东南方向,中间隔着陈州(就是旧戏《陈州放粮》中包公铡国舅的地方)。

可以推测,在早期水浒叙事中(譬如宋元说话中的水浒故事),英雄聚义的地点是在太行山,南宋龚开的《宋江

杨志与索超斗武,明刊袁无涯本插图

三十六人赞序》就有多处提到"太行"这一地名。流经孟州（今河南孟县等处）一带的黄河距离太行山不远，倘若在黄河里翻了船，就近往太行山落草自是顺理成章。可是，运送花石纲的船只绝不可能驶至孟州，那地方西去东京数百里。古代说书人显然缺乏地理概念，最明显的例子是《宣和遗事》还将太行山与梁山泊捏合在一处。书中说，晁盖那八人劫了生辰纲，邀约杨志等十二人，结为兄弟，"前往太行山梁山泊去落草为寇"。后来戏曲家和小说家意识到这个问题，才将梁山泊与太行山剥离开来。

然而，《水浒传》依然残留着早期水浒叙事这种地理舛误，所谓黄河里翻船，可能是保留了某种原始文本的说法。再看第十六回，写杨志押送生辰纲行至黄泥冈，叙说林中险恶场景，则有这样一段文辞：

  顶上万株绿树，根头一派黄沙。嵯峨浑似老龙形，险峻但闻风雨响。山边茅草，乱丝丝攒遍地刀枪；满地石头，碜可可睡两行虎豹。休道西川蜀道难，须知此是太行山。

此处已是济州郓城地界，梁山泊左近，却道"须知此是太行山"，这还是"太行山梁山泊"的混淆概念。想来是小说家采撷前人说话文本，没有处理干净。

北京大名府留守司

杨志不肯留在梁山泊落草，回到开封，却被高俅赶出殿帅府。随后是州桥卖刀，杀泼皮牛二，因而被刺配北京大名府留守司充军。这是《水浒传》第十二回讲述的主要内容。在小说里，除了东京，北京大名府是描述最多的市镇。第六十一回以后写卢俊义之事，又接连出现大名府场景。跟其他州府不一样的是，管辖大名府的并非一般州府衙门，而是所谓留守司。小说里专门说道："原来北京大名府留守司，上马管军，下马管民，最有权势。那留守唤作梁中书，讳世杰，他是东京当朝太师蔡京的女婿。"虽说宋代地方长官通常是军政兼领（小说里写高唐州知府高廉也是"上马管军，下马管民"），但这留守司更像是一种执行军事管制的权力机构。书里由虚构的蔡京女婿梁中书担任留守，是为显现权力触角。

其实，大名府乃北宋四京之一。北宋的都城设置有些特别，除了作为京师的开封为东京，又以河南府（今河南洛阳）为西京，应天府（今河南商丘）为南京，大名府（今河北大名）为北京。关于西、南、北三京详况，可见《宋史·地理一》，此不赘述。《宋史·职官七》关于留守司之来历与职事有如下介绍：

汴京城杨志卖刀，明刊容与堂本插图

旧制，天子巡守、亲征，则命亲王或大臣总留守事。建隆元年，亲征泽、潞，以枢密使吴廷祚为东京留守，其西、南、北京留守各一人，以知府兼之。留司管掌宫钥及京城守卫、修葺、弹压之事，畿内钱谷、兵民之政皆属焉。政和三年，资政殿大学士邓洵武言："河南、应天、大名府号陪京，乞依开封制，正尹、少尹之名。"从之。宣和三年，诏河南、大名少尹依熙宁旧制，分左右厅治事；应天少尹一员，及三京司录，通管府事。

建隆元年（960）即北宋开国之年，是年四月，昭仪军节度使李筠叛宋。五月，太祖亲征泽州（今山西晋城），由此建立留守制度。其初，东京之外，河南、应天、大名府三京，由知府兼任留守，后来大概留守成为专职，虚化了知府一职。宋代州府长官通称知州、知府，唯独开封府设府尹和少尹，但自政和三年后，三京亦依照开封府之制，置少尹执掌民事，府尹自是留守兼任。

小说第六十三回，石秀劫法场及大闹市廛之后，有梁中书吩咐"本州新任王太守"处理善后的交代。这王太守应该就是少尹。宋代没有太守一职，但文人笔下常借用古代官名，称知州、知府为太守或刺史，就像小说里亦常以府尹代指知州、知府，本不足为奇。不过，这里将太守作为梁中书的行政副手，显然有问题。按《宋史·职官七》，留守之副贰是副留守（或为少尹）。大名府作为三京之一，留守之外不可能另设州府长官为辅佐。

孟州道·十字坡·快活林

长途跋涉是《水浒传》常有的关目，如王进远走他乡，杨志押运生辰纲，林冲、宋江等刺配远恶军州，等等。途中叙事或有详略，却很少标识当时的官道和驿路。不过也有例外，如第九回，林冲一行过了野猪林，到前边村口一座酒店，有词描述曰"前临驿路，后接溪村"，这表明他们此去沧州走的正是驿道。第二十七回，写武松被押往孟州牢城,虽说是"迤逦取路投孟州来",其实也绕不开驿路。孟州(约今河南孟县一带)在开封、洛阳以西,京畿地区通往河东路的官道必经此地。孟州东门外至十字坡这段称之"孟州道"的地面,是小说里的重要场景——后边第二十九回即交代蒋门神的酒肆就在这官道旁边。

武松和两个押差抵达孟州之前,沿着大路越过一座山岭,向樵夫问路,被告知:"这岭是孟州道。岭前面大树林边,便是有名的十字坡。"当然,孟州道不是仅指这山岭,而是自山岭而下,从十字坡至孟州城东门这一段。武松由东向西进入这地界,首先遇上孙二娘卖人肉馒头的酒店,再往前并未细作交代。其实,张青孙二娘夫妇在城外官道上开店做剪径勾当,多少有些不合事理,十字坡虽说距离城内稍远,却也只是小半天的行程。第二十八回,武松告别张青孙二娘,与两个公人投孟州来,说得很明白:"未及晌午,早来到城里。"

小说先后从东西两个方向叙说孟州道上的故事。武松再度进入孟州道,就是一个多月后来替施恩夺回快活林酒店,上演醉打蒋门神的一幕。这回是出东门,由西向东而行。孟州道上的繁盛之境,乃自施恩嘴里道出——

……此间东门外,有一座市井,地名唤作快活林。但是山东、河北客商们,都来那里做买卖,有百十处大客店，三二十处赌坊、兑坊。

这应该就是古时称作"草市"的集镇，但视其规模之巨，似乎甚于州县。书中又交代："这快活林离东门去，有十四五里田地，算来卖酒的人家，也有十二三家。"那间被蒋门神霸占的酒店坐落在一处丁字路口，位置是极好，难怪牢城管营的施家父子处心积虑要将它夺回来。快活林出城有十四五里，大约处于孟州道中段。再往东去，或是不见村坊，大概只剩下头上十字坡孙二娘那家店铺了。

武松赶走了蒋门神，施恩重霸孟州道，留他在酒店里居住。此后武松在快活林逍遥快活了一月有余，直到张都监派人把他请去。奇怪的是，这一个多月里，武松竟没有往十字坡那边走动，当初离开那儿时他可是跟张青成了结拜兄弟。再说，当初武松与押解的公人沿孟州道进城，必然经过快活林这个热闹地界，可是书中亦无一字提及。不提这一茬倒也罢了，但细看施恩向武松介绍快活林那番言语，就像武松压根不知道那地方，这就怪了。

问题在于，同在孟州道上的快活林和十字坡从未在同一叙事单元中出现，虽说两地相距不过一二十里之程，竟未能在人物活动中得以贯通。这里可以看出叙事文本拼接的罅隙——小说之前的水浒叙事有宋元说话和元杂剧等诸

武松醉打蒋门神，明刊袁无涯本插图

多文本，大抵是各述其事，支离散漫。显而易见，十字坡与快活林这两截有着不同的故事来源，到了《水浒传》成书时才被捏合到武松在孟州的活动之中。施耐庵们将其中参差舛互的叙事脉络梳理成现在这个样子，已属不易。可惜那些原始文本早已亡佚，但看《水浒传》之孟州道叙事，不能不让人产生疑问：为何有情有义的武二郎傍上了施恩小爷就不去十字坡那边走动了，直到血溅鸳鸯楼又大闹飞云浦之后，才又转到了张青、孙二娘那边。

计 程 之 程

《水浒传》第五十六回说的是时迁盗甲，将徐宁赚去梁山泊之事。汤隆按时迁留下的线索，陪着徐宁从东京往东一路追去。第二天追上时迁，那副雁翎锁子甲却让他同伙先送走了，说是买主是泰安州郭大官人，于是两人带着时迁往泰安奔去。第三日，途中上了泰安商贾李荣的车子。那李荣是铁叫子乐和扮的，诓称泰安是有那样一个姓郭的财主，打消了徐宁的焦躁和疑虑。这样又过了一日，就快到梁山泊了。接下去书中是这样写的——

> 话休絮繁，看看到梁山泊只有两程多路，只见李荣叫车客把葫芦去沽些酒来，买些肉来，就车子上吃

三杯。李荣把出一个瓢来,先倾一瓢,来劝徐宁,徐宁一饮而尽……

乐和在酒里下了蒙汗药,将麻翻的徐宁直接送到朱贵酒店,随即上船送往山寨。盗甲,赚徐宁,这关目从头到尾丝丝入扣,地理方位和时间、行程也大致准确。只是,前引数语中"看看到梁山泊只有两程多路"一句,让人不太明白。这里出现的"程"字,似乎是一个计算行程的度量词。如果说是"一程",尚可理解为一段行程,如第五十二回,"不说柴进和李逵回庄,且只说朱仝随吴用、雷横来梁山泊入伙,行了一程,出离沧州地界……"然而,这里是说"两程多路"。这"程"字当作何解释?如果不是可以计数的长度单位,那就应该是折算行程的时间单位(犹如走了两个时辰或是两个半天之类)。

"程"字本身可作里程、路程来讲,《辞海》《辞源》释义均有此项,亦皆举述白居易诗"忽忆故人天际去,计程今日到凉州"为例句。可是这都不能给出实际里程或行走时间概念。看来,"程"字即便作为标识行程的度量单位,也是一种模糊概念的不定量词。就像《水浒传》第五十四回,"李逵、汤隆各背上包裹,与公孙胜离了武冈镇,迤逦往高唐州来。三个于路,三停中走了两停多路"。这"三停""两停"恐怕亦如三程、两程的意思。

时迁盗甲赚徐宁上山,明刊袁无涯本插图

《水浒传》一书说到人物行程，通常有两种记述方式：一、倘是数十里的短距离，多按实际里程标识。二、路程较远的，则以行走时间交代，如以下数例：

[第三回] 史进在路，免不得饥食渴饮，夜住晓行，独自一个行了半月之上，来到渭州。

[第十一回] 且说林冲与柴大官人别后，上路行了十数日。

[第四十六回] 再说杨雄、石秀、时迁离了蓟州地面，在路夜宿晓行。不则一日，行到郓州地面。

[第五十三回]（戴宗与李逵去寻公孙胜）两个用神行法，不旬日，迤逦来蓟州城外客店里歇了。

以时间单位表示行程，自然不能精确地给出里程概念，像小说里常见的"不一日""不旬日""不则一日"这类说法，更是连时间概念都模糊了。这明显是说书人的语气，保留着宋元话本和拟话本的行文特点，即尽快将不必赘言的途中叙述一语带过。

可是，"程"字是否只能作为不定量词，倒是尚有疑问，小说里作为计程之程，恐怕自有来由。宋人庄绰《鸡肋编》便有"程"字作为计程之例，如谓：

郑州去京师两程，当川陕驿路，有纪事诗十余韵。其切当者："南北更无三座寺，东西只有一条街。四时八节无筵席，半夜三更有界牌。"延州亦有诗云："沙堆套里三条路，石炭烟中两座城。"又云："土洞里头行十日，山棚上面住三年。"谓中倚高山，自过蒲中，行土谷中，十程始到也。（卷上）

这里所说的一程，大抵就是一天的行程，以晓行夜宿为一个计程单位。其谓郑州距京师（开封）两程，看来正是车马两日之程（按今高速公路，两地相距不足八十公里）。又，文中诗云"土洞里头行十日"，解释为"十程始到也"，亦足证此义。

不过，小说里所说"看看到梁山泊只有两程多路"，绝非还有两日以上路程（按今之里程，开封至郓城不到两百公里），现在已是第四日，书中意思眼面前就该到了。若是提前两日就下药，徐宁途中醒来怎么办？以其身手，汤隆、时迁之俦无论如何对付不了。

其实，小说里还有一处出现"两程"之说，就是第九回鲁智深在野猪林救了林冲之后，跟随押送林冲的董超薛霸一路去沧州。书中写道：

> 自此途中被鲁智深要行便行，要歇便歇，那里敢扭他？好便骂，不好便打。两个公人不敢高声，只怕和尚发作。行了两程，讨了一辆车子，林冲上车将息，三个跟着车子行着……

这段话里的"两程"倒是看不出两日还是两次停歇的意思。不过，此回后文说"行了十七八日，近沧州只有七十来里路程"，明确给出天数和里程，这是《水浒传》最常见的计程方式。对照看来，以"程"字作为计程单位，在小说里恐怕只是表示途中的一次停歇，而不是晓行夜宿的一整天。此程非彼程，宋人笔记与《水浒传》里的计程概念不是一回事。

二〇一八年九月至十月记，原题《水浒杂俎》（一）（二）分别刊于《书城》二〇一八年十二月号、二〇一九年三月号

第十讲

水浒食笺

馒头与包子

> 那妇人嘻嘻地笑着入里边，托出一大桶酒来。放下三只碗，三双箸，切出两盘肉来。一连筛了四五巡酒，去灶上取一笼馒头来，放在桌子上。两个公人拿起来便吃。武松取一个拍开来看了，叫道："酒家，这馒头是人肉的？是狗肉的？"

《水浒传》第二十七回，武松和两个押解公人到孙二娘酒店觅食，端上来的竟是人肉馒头。不说孙二娘的剪径勾当，这里将带馅料的包子称为馒头，却是有些奇怪。北方人通常不这么说。武松是山东人（东平府阳谷县人氏），而这十字坡酒店就在孟州道上，如今说来是靠近山西的河南孟县一带。将包子混称为馒头，是某些吴语地区（如沪杭

母夜叉孙二娘，明陈洪绶水浒叶子

等地）的一种习惯说法。如称包子为"肉馒头"或"菜馒头"，而馒头则称之"白馒头"或"实心馒头"。譬如小笼包子，至今仍有"小笼馒头"的叫法，如谓"南翔小笼馒头"，或干脆简称"南翔馒头"，即是沪上有名的吃食。

《水浒传》未见包子这名称，说到"馒头"却不止这一处。如第五回，鲁智深在桃花庄与山上大头领李忠相遇，刘太公以酒食招待，有谓"小喽啰们每人两个馒头，两块肉，一大碗酒，都教吃饱了"。又如第三十四回，黄信、秦明率军攻打清风山，慕容知府即派人安排酒肉干粮——"却说慕容知府先在城外寺院里蒸下馒头，摆了大碗，盏下酒，每一个人三碗酒，两个馒头，一斤熟肉。"但这两处所

花和尚大闹桃花村,明刊袁无涯本插图

说的"馒头"大率就是馒头,因为馒头之外还发给熟肉,俨然肉夹馍的配置,再说还有酒,士兵和喽啰们不能奢望这馒头还能带馅儿。

在《水浒传》一书中,馒头有时指包子,有时说的就是馒头。这有些让人疑惑,那时候是否没有包子这名称?

其实,包子一名,宋代即有。宋人王栐《燕翼诒谋录》卷三:"大中祥符八年二月丁酉,值仁宗皇帝诞生之日,真宗皇帝喜甚,宰臣以下称贺,宫中出包子以赐臣下,其中皆金珠也。"又,朱彧《萍州可谈》卷一:"近岁帝子蕃衍,宫闱每有庆事,赐大臣包子银绢各数千匹两。"又,蔡絛《铁围山丛谈》卷四:"祖宗故事,诞育皇子、公主,每侈其庆,则有浴儿包子并赍巨臣戚里。包子者,皆金银大小钱、金粟、涂金果、犀玉钱、犀玉方胜之属。"皇家喜庆赏赐臣下"包子",裹着金银珠玉,纯如土豪发红包,实非食用之物。

作为面食的包子,北宋时期亦确有此名称。孟元老《东京梦华录》记述汴京食物,其中多处提到售卖包子的食铺,如:

卷二"宣德楼前省府宫宇"条,介绍各种商行、酒店和食铺,其中有王楼山洞"梅花包子"、御廊西的"鹿家包子"。

同卷"州桥夜市"条,又见"梅家、鹿家,鹅鸭鸡兔肚肺鳝鱼包子"。

同卷"饮食果子"条,酒楼可替客人外买"软羊诸色包子"。

卷四"会仙酒楼"条,所列食单中,外买品种列有"诸色包子"。

周密《武林旧事》虽说写的是宋室南迁后的杭州市井,所列食物馔品亦带有汴京风味。卷六"蒸作从食"条,尽见北方面食,其中有"大包子""诸色包子"之名。

不过,这不能证明宋人没有以馒头代称包子的习惯说法,因为恰有反例。偏偏就是孟元老和周密的书中,亦记载了带馅的馒头,也就是包子。如《梦华录》卷八"是月巷陌杂卖"条,有"羊肉小馒头";《武林旧事》"蒸作从食"中亦有"羊肉馒头"。又如,吴自牧《梦粱录》卷十六"酒肆"条亦说到杭城酒家食牌,"更有包子酒店,专卖灌浆馒头、薄皮春茧包子、肉包子、鱼兜杂合粉、灌大骨之类"。同卷"荤素从食店"条,又列"生馅馒头""鱼肉馒头""蟹肉馒头"和"细馅大包子"等各种馅料的包子。其所列各色"馒头",无疑是包子。以"馒头"与"包子"并称包子,足见南渡后馔食名目之混淆。

由此可见,《水浒传》之"人肉馒头"的说法自有根据。在宋人食物名称中,"馒头"不单指馒头,往往亦是带馅的包子。

不过，《梦华录》所列食物，很难说是完全原样记录旧时汴京食铺标识的名目。《梦华录》系孟氏南渡后所作，其自序落款于"绍兴丁卯岁除日"，丁卯即高宗绍兴十七年（1147），此距北方沦亡已二十二载。作者在江南生活已久，追念昔日汴梁街市，自谓"回首怅然，岂非华胥之梦"，也怕是"论其风俗者，失于事实"。记忆中的名物或受身边语言环境濡染，代入吴语名称也未可知。就像吴氏《梦粱录》记述杭城食物，亦难免掺入若干汴京记忆，不经意流露北方人习惯说法，否则怎么会在同一段文字里以"馒头"与"包子"指称一物？

馒头、包子之混称，应是人口迁徙造成的语言混杂。

面食与米饭

未考"馒头"一词是否源自吴语地区，北方或另有说法，如称"饽饽"，称"馍"。但古人往往以"饼"统称面食，武大郎经营的炊饼或者就是馒头，亦即《齐民要术》所称"饆饠"的发面饼一类。《水浒传》第二十四回，武松去东京前，叮嘱哥哥每日晚出早归："假如你每日卖十扇笼炊饼，你从明日为始，只做五扇笼出去卖。"这里所说的扇笼，就是蒸作使用的笼屉，显然那"炊饼"不是烘焙烤制的烧饼。

以当日情形而论，沿街挑卖的炊饼虽不是稀罕之物，亦非百姓人家日常主食。孟氏《梦华录》开列汴梁人家清明出郊上坟或野餐携带的食物，其中就有"炊饼"。从前面食珍贵，是因为人们口粮中被视为细粮的小麦面粉占比甚低。这种状况不唯古代如此，可以说一直延续到晚近国人解决温饱之前。

《水浒传》不常提到面食，只是多少也有几处。如第五十六回，徐宁的早餐主食即炊饼。作为金枪班教师，徐宁家境优裕，一早起来还喝酒吃肉，颇为讲究。第二十四回写王婆请潘金莲来家里裁衣服，要撮合她与西门庆，"那妇人缝到日中，王婆便安排些酒食请她，下了一箸面，与那妇人吃了"。这"箸"字，如果解释为筷子，"一箸面"大抵是少许的意思；但另一种说法，"箸面"是一种制成的面条，犹如今之挂面（参后例）。不管怎么说，那"一箸面"并非两人共餐，是款待潘金莲的饭食（句中"与"字是给予的意思），显然面条也算好东西。再有第二十八回，施恩一心要笼络武松，派人往牢里给他送好吃的，头一顿就是"一大旋酒，一盘肉，一盘子面，又是一大碗汁"。第四十五回，潘巧云去报恩寺还愿，要走时，海阇黎摆了一桌斋席，挽留说："今日斋食已是贤妹做施主，如何不吃箸面了去？"按此，面条不仅是招待客人的稀罕食物，还可以作为酒食之代称。

除了面条、馒头（包子），书中侧面提到的面食还有馄饨。如第三回，鲁达（鲁智深）叫郑屠切十斤精肉臊子，随后又让切十斤肥肉臊子，郑屠问："却才精的，怕府里要裹馄饨，肥的臊子何用？"第二十六回，武松祭奠亡兄叫来街坊四邻，其中有一位是"卖馉饳儿的张公"。这馉饳儿，辞书上释义就是馄饨。但看《梦华录》记述的食物名目，其中也是既有馄饨又有馉饳儿（卷四"食店"条），不由让人揣想：馉饳儿或者亦指饺子，就像馒头包子那样夹缠不清。

然而，从整部小说看，人们的主食多半还是米饭。如施恩给武松提供的优待伙食，除了酒肉，还一再提到了米饭。再如第十五回，公孙胜打着化斋粮的幌子来见晁盖，起初晁盖不见，只让庄客"与他三五升米"。嫌少，"你便再与他三二斗米去"；若再嫌少，"可与他三十斗去"。这里说得很清楚，施予的粮食是"米"，不是别的。

又如，第四十三回，李逵让李鬼老婆给他做饭去，那妇人问："做一升米不少么？"李逵说："做三升米饭来吃。"即如这穷山僻壤，人们也是拿米做主食。

第四十五回，说和尚无俗事所烦，而小老百姓们如何辛苦挣扎，"到晚来，未上床，先去摸一摸米瓮看，到底没颗米……"这一回的故事远至蓟州，也是拿"米"说事儿。

第六十二回，卢俊义刺配沙门岛，途中宿店，被差人逼着戴枷入厨做事，有店小二帮他"淘米做饭"的叙说。书中走到哪儿都是吃米饭。

第七十回，没羽箭张清听手下报告说："车上都是粮，尚且撒下米来。水中船只，虽是遮盖着，尽有米布袋露将出来。"吴用以运粮车船诱使张清入彀这细节同样说明，山寨里的主粮也是"米"，也是吃"米饭"的。

按如今汉语习惯说法，"米饭"通常指大米饭。问题是，《水浒传》叙事地域主要是山东及北方旱作地区，那些地方历来不种植水稻，何来大米？尽管北宋时期是有江南输入汴京的漕粮（那应该是稻米为主），但漕粮大率不会流入民间。但据上述引例所在地域，所称"米饭"者，绝非来自稻米，亦非玉米（玉米原产中美洲，宋代尚未引入中国），而应该是粟米（小米）、黍米（同穄米，糜子的一种）或高粱米（《齐民要术》称之"粱秫"）一类，即所谓五谷杂粮之属。但书中缺少相关描述，说到"米"和"米饭"，行文多含混简率，让人不好确认。唯独第四十四回，形容戴宗神行法的骈语中，有"早向山东餐黍米，晚来魏府吃鹅梨"之句，点出黍米为山东地方的主粮。

《水浒传》叙事有一个不小的缺憾，就是丝毫不涉稼穑之事，书中出现山林、村庄等野外场景甚多，却不肯捎带写到田亩和庄稼。作为一部内容几乎包罗万象的大书，恰

鲁达叫郑屠切十斤精肉臊子,再要十斤肥的,明刊袁无涯本插图

恰缺了关于农耕社会的基本生活背景描述，这是很奇怪的。以前有一种权威说法，称《水浒传》是"农民起义的教科书"（现在许多书上还这么说），纯然脱离文本的主观臆断。仅就完全忽略土地与粮农问题而言，其叙事要旨根本就不在于农民之命运。

鱼辣汤和麻辣煠豆腐

宋江到了江州牢城，因有戴宗照应，起初日子过得不错。小说第三十八回，宋江与李逵、戴宗在浔阳江边琵琶亭吃酒，几杯下肚，"忽然心里想要鱼辣汤吃"。戴宗便唤来酒保，"教造三分（份）加辣点红白鱼汤来"。又，下一回戴宗去东京，途中拴了甲马不能沾荤腥，进得朱贵的水泊酒肆便问："有甚么素汤下饭？"酒保道："加料麻辣煠豆腐如何？"戴宗道："最好，最好！"这是《水浒传》饮食叙事中两个嗜辣的例子。但问题是，那时候原产中美洲的辣椒尚未引入中国，不可能使用辣椒治馔。

没有辣椒，倒也挡不住宋人食辣之欲。辣椒输入之前，中国人使用的辛辣料有姜桂、胡椒、芥末那几种。《东京梦华录》就载有当时汴京若干辣味食物。卷二"州桥夜市"条列有"辣脚子、姜辣萝卜、芥辣瓜儿"等名目，酒楼中还有"挟白磁缸子卖辣菜"者。卷七"池上饮食"条，则有"杂合辣菜"之名。这些辣菜和杂合辣菜不知是用什么食材做的,但其中若干名称显示,所用辛辣料就是"姜辣""芥辣"之属。

姜桂,按《辞源》解释就是生姜和肉桂,这两种东西古已有之,如《礼记·檀弓上》:"曾子曰:'……食肉饮酒,必有草木之滋焉。'以为姜桂之谓也。"宋人更有"姜桂之性,到老愈辣"之说(《宋史·晏敦复传》)。胡椒原非中国物种,但最迟唐代已引入。唐人段成式《酉阳杂俎》卷十八:"胡椒,出摩伽陀国,呼为昧履支……子形似汉椒(按:即花椒,朱贵酒肆的'麻辣熝豆腐'就须用此物),至辛辣,六月采,今人作胡盘肉食皆用之。"芥末,又称芥辣,中外皆有,源自本土的一种乃黄芥末,据说秦汉之前已入庖馔,是用芥菜子碾磨加工制成,明人高濂《遵生八笺》卷十二"造芥辣法"专有介绍。

有一点让人疑惑不解,戴宗所说"加辣点红白鱼汤",这"红白"怎么讲?白色好理解,鱼汤不难熬出泛白的颜色,可那个红的颜色是怎么来的?若用姜桂、胡椒、芥末作辛辣料,不能像辣椒那样跟鱼汤形成红白相间的汤色。

当然,小说是后人书写宋代之事,作者生活的年代是否已经有了辣椒呢,或许是将自己的生活经验写入了小说里。众所周知,《水浒传》成书有一个漫长的过程,其文本并非完全定格于元明之际的施耐庵、罗贯中之手,以后的刊刻者多有增删改订。现在通行的百回本和百二十回本都有这"红白鱼汤"字样，这两种近人整理的汇校本，分别采用被认为最重要的容与堂本和袁无涯本为底本，而容本、袁本则刊于万历后期和天启年间。笔者未考，这两个本子之前书中是否已有红白二色描述鱼汤的字样。

一般认为，辣椒迟至明代才进入中国，具体时间尚不能确证。高濂《遵生八笺》一书对辣椒已有记载，称之"番椒"，却是作为观赏植物来介绍。其谓："丛生，白花。子（按：指果实）俨秃笔头，味辣，色红，甚可观。"（卷十六，燕闲清赏笺之"四时花纪"）《遵生八笺》序言自署"万历辛卯"（即十九年，1591），可见直至明代后期辣椒一物尚未用作食材和调味。当然，《遵生八笺》大概比容本、袁本早出二三十年，抑或辣椒就在那二三十年间普及于庖厨，又被《水浒传》修订者写入了书中？

大块吃肉

《水浒传》以"大碗喝酒，大块吃肉，大秤分金银"叙说梁山好汉的快意人生，其倡言平等主义理想首先是解决口腹之欲（吃好喝好再谈分金银）。所以，书中描写吃喝的场面着实不少。但读者多半都注意到，小说里的肉食是以牛肉为主，羊肉为辅。烫一壶酒，切二斤熟牛肉，几乎是鲁智深、武松们走进酒店的经典台词。类似场景不胜枚举，又如：

第十回，林冲踏雪投梁山泊而来。进了朱贵酒店，问道："有甚么下酒？"酒保道："有生熟牛肉、肥鹅、嫩鸡。"林冲道："先切二斤熟牛肉来！"酒店菜单上恰恰没有猪肉。

第十五回，吴用与三阮入水阁酒店，阮小二问："有甚么下口？"店小二道："新宰得一头黄牛，花糕也似好肥肉。"阮小二道："大块切十斤来！"

第十九回，晁盖等人劫生辰纲后上了梁山，山寨里便"宰了两头黄牛，十个羊，五个猪，大吹大擂筵席"，这里牛、羊、猪的书写次序似乎亦排定了几种肉食的品秩地位。

第三十八回，就是宋江哥几个在琵琶亭胡吃海喝时，老宋见李逵把鱼汤鱼骨头都吃了，唤来酒保吩咐道："我这大哥想是肚饥，你可去大块肉切二斤来与他吃，少刻一发算钱还你。"可予注意，从酒保的答话中可以看出，这里说的"大块肉"亦非猪肉——酒保道："小人这里只卖羊肉，却没牛肉，要肥羊尽有。"人家干脆不提猪肉。

第五十八回，宋江大破连环马，呼延灼择荒而逃，一路载饥载渴，来到一处乡村酒店。叫酒保拿酒肉来吃，酒保道："小人这里只卖酒，要肉时，村里却才杀羊。若要，小人去回买。"没有牛肉，羊肉且将就，乡下地方也没有猪肉。

第六十二回，石秀往大名府打探消息，进了一处酒楼。酒保上来招呼，石秀喊道："大碗酒，大块肉，只顾卖来，问甚么鸟！"酒保被他一吼就吓尿了，便是"打两角酒，切一大盘牛肉将来"。这说得很明白，"大块肉"就是切成大块的牛肉。

倒不是说书中完全没有猪肉这回事。镇关西郑屠肉铺做的就是猪肉营生，石秀帮杨雄丈人潘公打理的屠宰作坊也是杀猪的买卖。可这杀猪卖肉跟书中人物的吃食没有关系，在酒店里，在餐桌上，多是牛肉、羊肉、肥鹅、嫩鸡、鱼鲜之类，偏是不见猪肉。在《水浒传》的饮食语境中，猪肉似乎处于肉食者鄙视链底端。

可是，在《水浒传》的叙事地域中，从南到北，人们向来是以猪肉为主要肉食，书中忽视和鄙视猪肉的描述显然有悖事实。小说里为什么这样写？过去一般认为，是受蒙元习俗影响，施耐庵们大抵未能摆脱元代蒙古人的饮食观念，似乎也只能这么理解。不过，这要综合《水浒传》之前的水浒叙事来解释。之前的水浒叙事大抵就是宋元说话和元杂剧，而南宋时期的话本未见存世者（大概本来就不多），胡士莹《话本小说概论》说到此节只是列出《水浒传》因袭宋人话本的若干痕迹（第十七章第四节），饮食之事更无依据。但元代的材料就不一样，当年胡适作《水浒

第十讲 水浒食笺

传考证》，研究元剧里的水浒戏，有一个揣测性的总结——"元朝是'水浒故事'发达的时代。这八九十年中，产生了无数'水浒故事'。"此说可能有所夸张，但从《水浒传》多有文本缀合痕迹来看，这部小说从元人"无数"的水浒故事里自有大量撷取，其中涉及食物饮馔的描述恐怕不在少数。

不过，从今存的六部元剧水浒戏来看，其中提到的肉食几乎全是羊肉。不仅未见猪肉，除了《燕青博鱼》一处有曰"敲牛宰马"，亦且并无食牛肉之事。如：

高文秀《双献功》第三折，李逵给孙孔目送牢饭，是"一罐子羊肉泡饭"。

康进之《黑旋风负荆》第一折，李逵的唱词曰："你与我便熟油般造下春醪酒，你与我花羔般煮下肥羊肉。"第三折，鲁智恩（假鲁智深）诓骗王林说："老王，我那山寨上有的是羊酒，我教小喽啰，赶二三十个肥羊，抬四五十担好酒送你。"第四折结尾，李逵唱："蓼儿洼里莺花寨，花标树下肥羊宰……"

无名氏《黄花峪》第四折，蔡衙内吩咐云岩寺小和尚："你与我买下些好酒儿，好羊头，退的干净，煮的烂着……"

无名氏《争报恩》第四折，关胜陪李千娇上场道："卧番羊，窨下酒，做一个庆喜的筵席。"这时获救的李千娇便

石秀大碗大块吃了一回,跳楼去救卢俊义,明刊袁无涯本插图

唱:"今日个宰肥羊,斟糯酒……"

李文蔚《燕青博鱼》第四折结尾处,燕青拿了奸夫淫妇上山,宋江吩咐"敲牛宰马,杀羊造酒,做一个庆喜的筵席"。

李致远《还牢末》煞尾也是"杀羊造酒,做个庆喜筵席"。

顺便提一下,元剧中"敲牛宰马/杀羊造酒"这语式,在《水浒传》中亦屡有出现,如第四十一回,江州劫法场后,宋江等人上山,"连日山寨里杀牛宰马,作庆贺筵席"。第四十二回,晁盖派人取了宋太公上山,与宋江见面,"一面杀牛宰马,且做庆喜筵席"。第四十七回,杨雄、石秀上了梁山,"山寨里都唤小喽啰来参贺新头领已毕,一面杀牛宰马,且做庆喜筵席"。但这里已是李代桃僵易羊为牛,"杀羊造酒"一概成了"杀牛宰马"。

这几部水浒戏固然不能代表元代全部水浒叙事,但如果作为一个系统抽样单位,这里面还是可以看出一点问题,那就是元代作品所述肉食几乎全是羊肉。为什么到了《水浒传》这儿却都成了牛肉?梁山好汉大食牛肉之风,恐怕并非来自元人的水浒叙事,而是另有原委。现在许多网文都注意到,在旧日农耕时代,历朝官府皆禁止宰杀耕牛,《水浒传》以牛肉为主要馔食有悖事实。因为其时尚无食用牛养殖业,绝不可能有大量退役耕牛供给食用。这个说法不错。《宋史·包拯传》记述这样一个案例："（包拯）知天长县，有盗割人牛舌者，主来诉。拯曰：'第归，杀而鬻之。'寻复有来告私杀牛者，拯曰：'何为割牛舌而又告之？'盗惊服。"以杀牛诱使割牛舌者现身举告，正是利用私宰耕牛有罪的律法，此乃包拯断案手段。

小说自有小说写法，不必看官家脸色。施耐庵们写梁山好汉杀牛宰马，大块吃肉，何其壮气豪迈！罔顾事实的臆撰如此煞有介事，或是蔑视王法的修辞。

二〇一八年十月二十二日记，二〇一九年二月十一日修订

原刊《读书》二〇一九年第八期

附录

《水浒传》主题思维方法辨略
——兼说"起义说"与"市民说"

一

很难相信,一部伟大作品会长期地被人误解,但这种事情不是没有。例如:麦尔维尔在一八五一年出版的长篇小说《白鲸》是美国文学史上具有开拓意义的作品,起先并未引起大家注意,默默无闻地湮没了半个世纪之久。直至一九一〇年,耶鲁大学图书馆还把这本书搁在哺乳纲鲸科的书架上。如此荒唐的误解大概不多。然而,在对某些作品价值的认识上,谬误却一再找上门来。谈到中国古典小说《水浒传》不能不想到这一点。

《水浒传》的遭际不是冷遇。相反,它这里一向是群贤毕至的热闹气象。明代大才子李卓吾首阐《水浒传》大义,得风气先;后有金圣叹发微抉隐,继往开来。李、金二位见识周异,一开始就走在歧路上。三百年来的《水浒传》研究,声势上不及晚起的"红学",但各家意见之相悖,争讼之剧烈,或甚于后者。百家争鸣不是坏事。问题是,三百年学问做下来,基本的一点仍叫人糊涂:《水浒传》究竟做的什么文章?

过去的事情不去说它。近前对《水浒传》主题认识主要有这样两派:一是通常作为定评的"起义说",所言此者为讴歌北宋末年农民起义之伟大"史诗"或"教科书"云云;二是晚近崛起的"市民说",也即"为市井细民写心"之说,因为鲁迅《中国小说史略》有此提法,推衍开来,便认为该书乃反映市民阶级生活和理想的叙事之作。

从这两派的争论来看,问题倒也简单,其症结无非是小说的正面形象属于哪个阶级罢了。在不少学问家眼里,这是一通百通的问题。

二

"起义说"如今大势不妙。暂就以下几方面来看,否定此说的理由相当充分。其一,梁山好汉中间,真正农民出身者甚少。据认为,只有九尾龟陶宗旺一人耳。这就是说把李逵也排除在外,因为他离乡既久,又在江州谋了差事,吃商品粮了。说来早在五十年代就有人提出这个问题[①],只不过当时未能就此现象深入探究其文学意义。其实即便算上李逵等人,算上那些皂隶走贩、舟子舆夫,算上三阮二解等渔猎人家及其他各种专业户,梁山里边下层人物也不占多数(而且他们在一百零八人中的座次一般比较靠后)。相反大头倒是那些帝子神孙、豪绅富商、军官衙吏等中上阶层。诚然,一百零八人的阶级出身并不等于梁山集团的政治倾向。但这种人物布局至少说明,《水浒传》一书并未意识到农民问题。在一般叙事文学中,有关人物身世、命运的描叙无疑是实现主题的必要手段。这就很难设想,一部几乎跟农民毫无瓜葛的作品会是"反映农民革命的教科书"。

其二,作为封建生产关系最根本的问题——土地问题,地主阶级对农民阶级的经济剥削,在书中并未得到反映。即是说,从可供分析的故事内容来看,《水浒传》的庄园主和庄客、庄户之间一般不存在什么利害冲突。相反,二者关系倒也见得和谐、愉洽。书中先后出现的一个个庄园,都充满自然、恬静的牧歌色彩。这种封闭状态只是被来自外部的袭扰所打破,并且只是如上动因才使那些庄园主人参与到总的情节演进之中。而那些庄园主人(如史进、刘

---

① 严敦易:《水浒传的演变》,作家出版社1957年版。

太公、柴进、晁盖、宋太公、穆太公、李应等），大多都是"好地主"。

至于"坏地主"，也有个把。比如毛太公。但此公坏在不讲道理，其纵虎是恶霸行为，与土地剥削无关。此外，再能举出来的只有祝太公和曾长者。他们的问题又不同，其实并无鱼肉百姓的劣迹，只是跟梁山泊作对罢了。

离开了土地问题，离开了阶级的利害冲突，《水浒传》还能从哪方面去揭示宋代农村社会矛盾呢？

其三，在中国封建社会中，农民革命的思想武器是平均主义。晁盖也好，宋江也好，都不曾提出"等贵贱""均贫富"一类口号、纲领。书中所谓"八方共域，异姓一家"之说，似乎是宣扬"天下为公"的大同思想，其实这在《水浒传》作者笔下并没有发展成政治纲领，而是停留在伦理范畴。它体现了中国封建世俗社会中普遍崇仰的"义"的道德观。梁山内部倒是有"论秤分金银"之举，亦是义气所使。正因为他们并非照此去变革社会，这一点，说来跟强盗坐地分赃没有两样。

其四，梁山的领导人没有政权要求。李逵倒是一再动议"杀去东京，夺了鸟位"，但"忠义堂"上不由他多嘴。宋大哥眼里，这夯汉只是"上风头放火，下风头杀人"的材料。宋江的旗帜是"替天行道"，无意动摇赵宋王朝的根基。书中说他"不假称王，是与方腊不同之处"。方腊占五州二十八县便改年建号，及时登基。历史情况表明，从来的农民造反者只要稍成一定气候，没有不建立自己的政权的。梁山的军事力量远胜于方腊，但它既不扩大地盘，也不曾建立过中央或任何一级地方政权。它只是一个"替天行道"的军事集团，"权居水泊，专等招安"而已。

不讲政权，遑论革命？

三

人们往往从作品的"社会效果"来逆推《水浒传》的主题思想。在本书长期流传过程中，梁山泊一百零八人的英雄气质确乎影响着民间造反者的斗争事业，同时统治阶级也不会坐视所谓"横行剽劫，犯礼越禁"的景况滋蔓四方，由是明清两朝禁毁《水浒传》之事屡有发生。而今这些事例一再为某些水浒专家用来印证"起义说"，似乎官家以为犯刺的便是鼓吹革命。

但不妨指出，文学作品的社会作用并不等于它本身的价值观。特别是某些经典作品，由于主题思维的延展性，具有超越不同时代、社会、民族和阶级等时空界限的可能，其审美认识往往容易被后人引申为某种现世的价值观。如屈原"吾将上下而求索"的诗句，在今天的历史条件下依然激励着知识分子追求真理的献身精神，却并不意味着

《离骚》有涉当代知识分子命运。况且,这种与作品本身若即若离的社会效果,由于社会生活的复杂性,有时在不同人眼里,更有不同反映。正如鲁迅讲到《红楼梦》所说:"经学家看见《易》,道学家看见淫,才子看见缠绵,革命家看见排满,流言家看见宫闱秘事。"

《水浒传》的社会效果同样是复杂的。明清两朝屡禁此书固然不假,但封建统治者的态度并不一概如是。至少有人喜欢这部作品,也至少做过一些有利此书传世的工作。

譬如:明嘉靖年间,武定侯郭勋曾主持刊刻《水浒传》,故乃有"武定板"之说。该本迄今未得发见,不过几乎所有专家都把它看作《水浒传》版本史上最重要的本子,据认为是所谓"繁本"系统的祖本。郭勋刊刻《水浒传》的动机如何,很少有人做过研究。戴不凡先生有一个猜想,怀疑郭勋就是那个生平不详的"施耐庵"[①]。这就是说,郭勋不但是《水浒传》的刊刻者,甚至他本人或其幕僚、门客就是《水浒传》作者。至于郭勋搞小说的目的,戴先生以为是替他的祖上郭英显扬功德。这个看法未见得有多少根据,不过在《水浒传》问题上,这位武定侯跟后来的崇祯皇帝倒是两种面孔。郭勋是当朝权贵,功臣之后,跟大

---

① 戴不凡:《疑施耐庵即郭勋》,见《小说见闻录》,浙江人民出版社1980年版。

奸臣严嵩穿一条裤子。反过来说,《水浒传》真要是鼓吹农民造反,他这事情就办得不明不白了。

说来,有明一代,官方人士热衷《水浒传》的不唯郭勋一人。除郭本外,明代还有一个"都察院刊本"。都察院是官方监察机关,翻刻《水浒传》做什么,不得而知。但未必是做"反面教材"搞的"内部发行"。清代似乎未见官坊本,但乾隆年间宫内搞过全套水浒的连台大戏,叫作《忠义璇图》,而且做过刑部尚书、封疆大吏的风流才子张照亲躬其事。这戏演起来气派一定不小。

事实说明,封建统治者中间也有喜欢梁山泊好汉的。即便在他们的上层人物里边,关于《水浒传》的看法也不能等价划一。凡此种种,也当令人思考。或许有人以为,正如统治阶级对待农民起义的态度有"主剿派"与"主抚派"之分,之于《水浒传》亦然。那么,由此推论,封建时代的"文字狱"是否概与农民造反有关呢?

四

"起义说"的衰微,眼"市民说"崛起有关。然而前者的谬误不等于后者正确。

"市民"一词之于封建中国,是一个比较含混的概念。《辞海》的这一词条有两种释义:一是专指"中世纪欧洲城市的居民""因商品交换的迅速发展和城市的出现而形成"。二是泛指"住在城市的本国公民"。而所谓《水浒传》中的宋代"市民",究竟取哪一义项呢?二者似乎都欠妥。既然作"市民文学"论,就不能不植入下述理论含义,诸如:商品小生产者的社会存在,由此决定的道德意识,以及整个社会形态变化的历史状况,等等。比如文学史上也是被称作"市民文学"的宋元话本,同样被认为包含着上述因素。否则离开了这些,"市民文学"的意义就不存在了。

然而,就其社会含义来说,宋元而下的"市民文学"是否可以和欧洲的《列那狐传奇》乃至《十日谈》一类作品等量齐观呢?问题还要归结到十一世纪以后中西社会的不同历史进程。

某些论者对此也许不大在意。似乎外国有的,中国也能扯上。在他们通常的观念中,《清明上河图》的市井熙攘与达·芬奇时代的威尼斯或佛罗伦萨的商业繁荣如出一辙;三宝太监下西洋的航海活动与西班牙无敌舰队的冒险行动具有同等意义。至少,他们认为这儿不必过于认真。

当然,这是一个复杂的问题。在封建中国,简单商品生产早已有之,货殖聚敛至迟起于春秋末年。司马迁做《史记》,专门写了《货殖列传》,记叙那些行商坐贾的经营活动。太史公笔下诚然不免夸大其词的一面,而那时候买卖人的市面之盛，倒也可见一斑。也许有人以为，汉代之前既已如此，其后必有兴焉。然而，历史的发展并不总是直线上升，商贾们的事业也并非一往无碍。不讲别的，史家对此评价就大不一样。《史记·太史公自叙》以一种通达的口吻写道："布衣匹夫之人，不害于政，不妨百姓，取与以时，而息财富。智者有采焉。"而到了班固作《汉书》时，看法就完全倒过来了，以为经商之道必然上与帝王争利，下害百姓生计，大不可取。如果仅仅是史家的妄议倒也罢了，实际上这中间有着深刻的历史动因，事情当然意味着商品经济为中国封建制度所不能容纳，尤其当这一社会形态取得稳定之后。班氏看问题满脑子儒家观点，自是时代使然。有汉一代，乃中国人观念大转折。说来不光是儒家的问题，法家作用也很明显。韩非子视商工之民为"蠹虫"，对后世影响不可低估。贤良、方正不免糊涂一时，桑弘羊之盐铁高论却真正流韵千古。

由于重农抑商的观念，由于中央政府的高度集权，以及历代相袭的高额赋税制度——凡此种种不是本文所能深入讨论的原因——决定着一种必然之势，那就是汉代以后的商品生产反而走了下坡路，使之终而未能形成独立的经济形态，终而还是在自然经济的循环圈里来回折腾。即便在商品交换相对有所发展的两宋时期，情况亦是如此。实际上，这跟农民的土地经营并无多大差别。

由此可想,在这种社会状态下出现的"市民",是否真正意味着生产方式和生产关系的某种变革,是否真正具有历史—社会学的含义,实在是有些模糊的。

也许,问题关键不在于是否为"市民"正名,本文也不打算就此展开讨论,但基于整个前提的不充分性,所谓"市民文学",作为主题范畴的客观价值则需要重新考虑。当然,这里也不是要为"市民文学"正名。欧洲有欧洲的"市民文学",中国也可以有中国的"市民文学"——作为一个约定俗成而又具有特定含义的文学名词,似乎也顺理成章。而且不妨承认,二者毕竟还有一个共同点,那就是对人性的执着,自觉或不自觉地反抗着封建主义的精神桎梏。然而,这里所要强调的问题是:这种中国式的"市民文学"的主题容量是有限的,它不像西方市民文学能够从较为广阔的背景上概括社会的基本矛盾。就以人们公认的"市民"小说"三言"而论,它所强调的还是日常伦理道德的自我调整,偏执于"戒恶劝善"的世俗精神,总体上则缺乏包蕴在历史环境中的现实主义深度,缺乏那种综合开掘。联系到封建中国商品生产发展的整个历史背景,"市民文学"的这种局限性应该不难理解。

现在回到《水浒传》的话题上来,事情就容易看清楚了。当人们对这部伟大作品诉诸"市民文学"的命题时,即便不是完全离谱,也不能不发生如下疑问:这般偏狭的角度是否足以容纳《水浒传》的主题范畴？或者：一部伟大作品的艺术概括是否仅仅凭恃着那种并不充分的历史依据？

本文将在后边若干部分具体陈述这样一种看法，作为一部大作品，《水浒传》不只囿于断代的生活内容，这里所提供的氛围与心境应当看作历史的积淀，是对世代相袭的伦理政治的深刻反思。这种主客体关系表明：梁山泊的英雄悲剧无疑是纵深的历史观照。它通过纷纭幻化的人世沧桑透视中国文化的深厚背景，表现了外拓与内省兼备的主题意识。这就决定了其艺术格局的雄阔伟岸，广袤深邃，而实非"三言""二拍"的市井天地所能攀比。如果说，《水浒传》是文学作品中的伟丈夫，那么后者几似小家碧玉的风姿。

不难论证，一个缺乏历史自主性的社会阶层，要成为文学的伟丈夫是不可能的。真正的文学不是一种虚妄的观照。

或有这样一种看法：当讨论上述问题时，应考虑到明代中期出现的资本主义萌芽。有人将此看得很重，似乎当时经济生活的某些变化足使市民阶层一跃成为社会的主体。不必说，持这种观点的同志以为：《水浒传》的历史氛围不是宋，而是明。

诚然，问题实质也许不在作品外在的情貌，不在溢于表象的历史生活。是的,历史小说也往往映照着作者眼前的世态人情。决计从《水浒传》里边寻索所谓"市民意识"的论者,另一只眼睛总是盯着明代的社会氛围,以为二者终是息息相通的。

这牵涉到《水浒传》成书时间问题。"市民说"的一条重要根据就在这里,他们尽可能把版本学家迄今未能确断的这个界限往下推移。其实,问题并不那么简单。关于《水浒传》成书年代,学术界固然有不同看法,但至少有一点是明确的,即此书的刊行不晚于嘉靖年间。换句话说,《水浒传》成书时间的下限最多刚与资本主义"萌芽"搭一点边儿。这就需要考虑到,一种新的社会存在要转化为观念的存在,必然有一个历史过程,而嘉靖年间的商品经济是否能迅即反映为文学的观照,实在大可怀疑。

更须指出,持上述观点的同志也还忽略了一个重要事实,即忘记了《水浒传》的成书本身有一个历史过程。众所周知,《水浒传》的人物原型及其本事许多见诸宋代史籍和笔记著作,也存在于民间说话艺术之中。元代出现了水浒戏,说不定还有了最初的小说本子。即便以《宣和遗事》为《水浒传》故事雏形,那么到目前所知此书最早的刊本——嘉靖年间的郭本,中间至少也有二百年光景。我们不能无视历史生活对《水浒传》的创作和再创作的深刻影响。唯其如此,《水浒传》的主题意识也必然是历史积淀的结果。这一漫长过程融汇着与本书艺术形成有关的民间艺人和文学家们的审美思辨。或感于岁月江山，或感于世道人心……

"市民说"把这一切都抹杀了。把一个历史的复杂的艺术过程曲解为机械反映论的照相写真：把水泊梁山的各色人等跟近代欧洲的第三等级相提并论，看作从生产关系到伦理观念的变革中产生的新的社会力量。这不啻是用"揠苗助长"的手法去改变历史进程。

五

具体说，梁山一百零八人中间，真正"市民"出身者并不很多。按人头算来，"市民"一词，这里尽可以诉诸宽泛的含义，且将那些脱离土地经营而混迹都邑市井的三教九流都归拢过来，恐怕也不过一二十人。

很有意思，其中差不多有一半是开酒店的。如十字坡上独家经营人肉馒头的张青、孙二娘夫妇；如快活林的施恩；如曹正、顾大嫂、李立、王定六等。

除此，另有裁缝（侯健）、银匠（郑天寿）、玉匠（金大坚）、造船匠（孟康）、郎中（安道全）、兽医（皇甫端）各一。

拼命三郎石秀先前贩过牲口，后来一度在杨雄岳丈潘公的肉铺做伙计，好歹也算一个。再就是那个放赌为业的石勇，此兄的歪皮赖派跟揭阳镇上使枪棒卖膏药的病大虫薛永不相上下，要凑份子，把这些都划拉进来也行。

也就是这些了。不敢说这个统计十分精确，但所谓"市民"一说，真要能够落实到这帮人头上就不错了。一个个掂量过来，这里边还找不出像样的角色。

或问：梁山上那几位头面人物，难道就摆不进去么？譬如宋江……

宋江似乎要摆也能摆进来，他户口就在郓城街里。但他跟别人不同，他在衙门当差，一无买卖二无手艺，街面上的行当未必有甚兴趣，这也拽进来，"市民"的概念就越发扯不清了。这除了证明他宋大哥不是乡巴佬，还能说明什么呢？

有人把卢俊义看作市井中人。此公倒是做买卖的，在北京城里开着"解库"（当铺），放高利贷营生。不过这里有一个问题：在宋代社会，像卢氏这样的大财主——大名府的"第一等长者"，真竟撇开土地经营而专事金融投机，恐是难以想象。卢俊义毕竟不是走街串巷吆卖鹅梨的唐牛儿、郓哥之辈，也不像是捣腾小买卖起家。可以设想，如果单是做买卖能像卢俊义那样成为一府之首富，真怕是资本主义早在中国发达了。从当时的情况来看，民间的商业资本和金融资本很难认为是一种独立发展的经济成分。况且，卢俊义的"买卖"是否属于商品经济范畴尚可商榷。借贷抵押本身不是商品流通，这种经济关系在封建中国倒也源远流长。

其实，这些话题都已扯远了。对于文学作品的探究本来不需要一丝不苟地比照历史，所谓按图索骥、对号入座那套搞法往往容易搞出一些牵强附会、节外生枝的东西。在《水浒传》问题上就是这样，总是有人借着题目开扯，从经济学说到政治学，由《宋史纪事本末》挂上《三朝北盟会编》，考正史不过瘾，还有野史笔记、方志族谱……文章扯得越远越远，注释越多越好。这一来使后来写文章的人也不得不跟着他们寻山问水，多绕几个圈子。真是奈何不得。

研究文学作品，最值得重视的无疑是人物的精神世界。倘真正着眼于此，则不难判识，卢俊义跟所谓"市民阶层"人物完全是两种境界。这是一个保守的自我封闭的人物，骨子里比宋江还要老派。如果说宋江面对人生事业还会产生内心的躁动，而他卢俊义则全无"非分"之想。关键不在于他是否持守封建礼教，是否乞怜于朝廷官府，问题是，全部关于这一人物的描写，没有丝毫个性追求的痕迹。也许正因为其性格中没有半点开拓素质，在梁山一百八人中，这是一个不讨人喜欢的人物。

假如可以认定《水浒传》一书多少涉及一些市井生活，

还隐约闪露一点商品经济的痕迹，那么，至于说到本书如何表现所谓"市民阶层"的精神情操、理想和追求，则很难找出几分例证。不言而喻，所谓"市民文学"，其精神实质不但在于对封建主义的道德批判，也表现为追求人性的解放。在这个意义上，人们将"三言""二拍"一类话本及拟话本小说称作"市民文学"，是有道理的。这其中许多作品比较注重个人的生活和命运，在题材选择上与欧洲的"市民文学"颇相仿佛。也即通过家庭生活和爱情生活的悲欢离合来表现某种与风俗人心相悖逆的伦理情操。如杜十娘的独立不羁，如卖油郎的大胆追求，也还闪烁着个性的理想光辉。通过比较可以看出，《水浒传》完全不是这种意义上的作品。这一部大书，非但不写爱情，也缺少人格的追求。值得注意的是，这里所涉男女私情一概从反面下笔。这里没有杜十娘，却不嫌其多地摆上潘金莲、潘巧云、白秀英、贾氏一类淫妇荡妇、泼妇刁妇。在妇女问题上，这部作品更为明显地带有浓厚的封建色彩。本文将在后边的论述中指出，《水浒传》的进步意义不在于是否反映了某种推动社会前进的新思潮，而是对传统与现实的深刻反省。这里不妨说明：《水浒传》的反官府并不带有反封建性质，相反它总是在伦理上维护着最古老的传统，企图以儒教的经义去净化人心。

"市民说"有一个不合逻辑的看法，以为《水浒传》宣扬的"义"便是"市民"阶层的道德情操和精神武器。这是牛头不对马嘴。"义"的道德观念在封建中国源远流长,它既非产生于商品生产关系,也谈不上靠市民社会的形成而发扬光大。应该说,更契合商品小生产者情理意识的是"利",而不是"义"。从这一点说开去,《水浒传》倒是写了一个典型的"市民",那就是在阳谷县里开生药铺的西门庆。无疑地,《水浒传》是将与商品经济多少有关的社会力量视为一种恶势力。也许正是这种观念导引了后来《金瓶梅》那种暴露性的"市民文学"。

六

"市民说"和"起义说"何以都走到岔路上去了呢?这里有一块障眼石,就是所谓阶级斗争这个"纲"。建国以来,学术界相当一些同志在接受马克思主义世界观的同时,偏偏忽视了马克思主义的方法论(当然有其客观原因),于是在扔掉唯心主义治学方法之后,找上门来的便是庸俗社会学和机械唯物主义。即以社会学规律印证文学现象,以社会运动的一般定义代替文学研究的具体方法。直至如今,还有人以为,只有站在阶级分析的"高度"才是提纲挈领把握对象的唯一途径。

诚然,真正富于历史含义的作品,不可能没有社会和阶级的投影。但这并不等于说，所有的伟大作家都能自觉地准确地将现实世界的阶级关系纳入自己的艺术世界。

《水浒传》是用阶级观点做文章的吗？看来不是。施耐庵们倘能娴熟地运用唯物史观从事创作，不至于生出那许多令人费解的问题。当然这并非说只有现代无产阶级作家才能揭示一定社会的阶级关系。众所周知，巴尔扎克就对他那个时代做出了相当透彻的分析，甚至从经济学的角度清晰地展现了新旧阶级力量对比的消长盈亏。但是，从经济关系出发去考察社会、人生，毕竟是资产阶级的发明，《水浒传》还不可能做到这一点。封建中国的文人、学者很少重视历史进程的客体功能，而习惯把注意力提在主体范畴的伦理关系上面，以伦理观点看取历史，看待人世的纷纭事变。似乎也是为了求得心灵的协调和平衡，儒教的纲常便被视为万古不移的圭臬。然而，历史的脚步却在悄然移动，即便是那般沉重、滞缓。到了产生《水浒传》的时代，怀疑的精神已大大增长。面对仕途坎坷，人间忧患，那些落拓文人，不守规矩的才子们，愈益感到一种困惑，或者说是知与行的矛盾。他们尽管没有也不可能获得进而认识和改造世界的力量，却滋长着强烈的自我反省的理性精神。反省必然是痛苦的，而这种痛楚之于他们，与其说来自现实的创伤，毋宁说是主体的精神分裂。因为他们用儒教的思维方法发现了儒教自身的矛盾！

不妨指出，这个被许多《水浒传》研究者所忽视的情结，正是《水浒传》的主题思维方法及其深意所在。

其实，矛盾可以追溯到儒家的先哲那儿。儒教的伦理核心是"君君、臣臣、父父、子子"那套东西，从孔老夫子那儿就有了。按字面上看，三纲五常只是一个简单的模式，而实际涉及的伦理关系却还呈示着另一些错综而有趣的组合。譬如，君臣之纲与父子之纲是什么关系？似乎可以视为是平行。然而，二者一旦相悖而不可调和，事情就不那么简单了。孰是孰非，何弃何从，这里的伦理判断必然包含着深刻的社会内容。固然，由于封建政治的需要，君主居于神圣不可动摇的地位。但是另一方面，儒教也有所谓"君道"的要求，强调君主要有"民本"思想。孟子就说过，"民为贵，社稷次之，君为轻"。这是要求君主对自己有所约束，不能搞得太不像话，弄不好也有他难堪的一天。《诗》曰："衮职有阙，仲山甫补之。"（《大雅·烝民》）周天子失职，大臣主行君事亦无不可。在这种情况下，伦理便是调整君臣关系的政治原则。

儒家先哲们设计的理想社会是上有道，下有分，四方修睦，天下为公。史书上也有许多伦理治国的记略，如《左传》所叙，郑庄公与姜氏母子关系的转圜即是一例。相认"黄泉"，其乐融融，简直是一篇十分动人的故事。由于君主的圣明，纲常的冲突涣然冰释，矛盾更为理想所解决。

凡事由理想推定，都不难办。而事实上，君主并不都那么贤明，臣子也并不很守规矩。现实的混乱的政治生活不断提出新课题，这是圣人们所始料未及。也是《左传》，有这样一段记载：晋灵公不行君道，陷害诤言直谏的大夫赵盾；盾不得已出走。偏巧这时候灵公被另一伙反对派杀了，太史董狐便出来谴责赵盾，"亡不越竟，反不讨贼"。赵盾自然大叫冤枉。对此，孔子的看法是董狐记事不隐讳，是好史官；赵盾忠于国事，也不算罪臣，无奈碍于史官的记事原则不能不受点委屈。孔子认为，赵盾当初倘是干脆"越竟"，跑出国境线去，绝了君臣名分，倒也可免了这份罪名。这个说法当然很可笑，一边肯定忠臣义胆，一边还得维护君道尊严，只得以"越竟"的诡辩求得解脱。其实，按儒家纲常名数，这里的君臣关系确也难以转圜。不过应当指出，孔子有意回避矛盾，恰恰是承认矛盾所在，推出一个二律背反的命题，实质上反映了儒教纲常的内在的根本矛盾。而由此发生的伦理思辨对后世影响极大，几乎主导着封建中国的全部政治生活。一千多年以后，发展到宋明理学那儿，这种伦理政治干脆成了哲学思辨的出发点和归宿。

《水浒传》成书于宋明之际，理学的两座峰巅之间，同样不可能逃脱伦理政治的思辨轨迹。两宋以来的程朱学派固然缺乏思想的创造性，而它对孔孟之道的微言大义和拾遗补阙，恰恰证实了儒教祖训的先天不足。既然后人可以在祖宗的家法中加入自己的东西，那就意味着不同的阐发将应运而生。时代的确变了，变得似乎更加不可理解。这使得另一些有识之士在痛思冥想之中愈益触到了传统思想方法的内在矛盾。那都是站在朱熹一类硕儒们的对立面的人物（而他们更以为自己是儒家正宗），其极端分子便是对《水浒传》兴趣不浅的李贽。李贽的学说与陆象山、王阳明都有关系，而陆王心学被视为离经叛道，也是因为它多少带有意识的个性色彩，这就包含着某种危险。当日思想界的官司据说打得十分热闹，以至如今也难以判定两家的是非长短。

然而，事情还具有另一方面的二重性；古老的伦理法则一旦重新激起思辨的活力，便愈益自相分裂！大凡对一种传统的反思和再认识，必然产生深刻持久的历史效应。"理学"与"心学"的对垒，尽管无以解决儒学自身的危机，却带来了自我观照的意义。

在这种文化背景和思想氛围中产生的《水浒传》，可以说是对一个困惑的时代的不无困惑的观照。相传出自李贽手笔的《忠义水浒传序》对本书的时代背景有一句概括性的断语，即所谓"宋室不竞，冠屦倒施，大贤处下，不肖处上"。此言悲慨以至孤愤，字字涌溢切肤之痛。然则如今要是由此入手谈论《水浒传》，持"起义说"或"市民说"

的同志则会以为失之皮相。因为在科学的历史观面前,"大贤"与"不肖"的人事毕竟不足以构成一个时代的基本矛盾。但问题是:《水浒传》的主题思维轨迹恰恰穿过这矛盾焦点。况且事情也并不那么简单:这里的是非曲直表面上是人事因缘,实质上几乎牵涉到封建伦理政治的全部复杂方面。所谓"冠履倒施",看似颠倒了伦理价值,其实这本身便是伦理政治的产物,也同样是封建伦理价值的实现。根据儒教的伦理思辨,"大贤"与"不肖"的价值标准最容易发生疑问,例如前边说到的赵盾,其忠于国事可谓"贤"的德行,而对君主的违拗又被史家视为"不肖"。在这里,"贤"与"不肖"干脆是一回事。两种截然相反的伦理判断,在儒教纲常的连环套里恰好是互为前提的关系。对此,李贽同时代的人也许早已了然于心。也是一位跟《水浒传》发生过关系的晚明人士,即以《水浒后传》传世的"雁宕山樵"陈忱,曾慨然指出:"宋自绍圣以后,何人非乱臣,何人非贼子!"[①] 此言可谓一针见血。

问题也许应该摆到中国哲学的知行范畴和名实范畴中去进一步探讨。其症结抑或在于:这种古老的伦理思想缺乏自我更新的活力。至于"宋室不竞",在古人看来,自是

[①] 陈忱:《水浒后传原序》。

"纲纪制度，日削月侵"①的缘故。然则封建帝国赖以生存的纲纪制度并非毁于他者，破坏力即在这种伦理制度本身。其情形正像癌细胞滋生于肌体，又在吞噬它的宿主。《水浒传》的问题无疑就从这里指出，这一点金圣叹就看得真切。故曰："一部大书……不写一百八人先写高俅，则是乱自上作也。"② 金圣叹骂的是高俅，而那位道君皇帝倘有半点引咎自责的精神便该下诏罪己："万方有罪，罪在朕躬。"

不过，《水浒传》的时代，封建伦理制度并未进入崩溃的阶段。无论作为制度、观念，还是一种心理定势，所谓"君君，臣臣……"依然统治着人心，依然是封建权力政治的得力支柱。这就使得封建统治阶级中的任何企图振作有为的人士面临一种两难境地：欲其"正"朝纪，势将"乱"纲常。

这种知行不一，名实抵牾的二重性是儒教伦理思想自身所无法克服的。这是时代的困惑，也必然是施耐庵们的困惑。施耐庵们的悟性有限，但他们却有一种自身的危机感和不可解脱的苦闷，既是对社稷国事的忧愤，更兼有个人抱负的怅惘。这般情愫在《水浒传》中则形象地体现为宋江式的进取：一方面是不安于现状，要冲破桎梏，开拓

---

① 范仲淹：《签手诏条陈十事》，《范文正公集·政府奏议》。
② 金圣叹：《贯华堂刻第五才子书水浒七十回总评》。

人生；一方面又生怕被认为是犯上作乱，背负朝廷。

当然，宋江终究是上了梁山，在官家大院外边另立门户。他再三声明，这是一项临时性的措施，"权居水泊，专等招安"而已。不过，能够迈出这一步，也算不简单。现实的情形跟孔孟时代已大相径庭，儒教的经典著作中并没有回答过宋江们所面临的问题。故而，施耐庵们另辟蹊径，以求变通，考虑怎样从那个两难境地中拔出脚来。既要达到目的，又无伤大体。这种思想出自《水浒传》这样的通俗小说，甚或比当时思想家们的意识更为解明，似乎是一桩奇事。但如果说艺术活动包含着人类力图征服和超越现实的心理情致，那么《水浒传》则是通过浪漫的造影去改造古老的伦理性格的一次尝试（关于《水浒传》的创作方法问题，笔者另拟专文谈及）。当然，这一点在作品中又归结于自我否定，施耐庵们并没有跳出儒教伦理的圈子。而儒教伦理思想的不彻底性不但决定着宋江们的追求不可能完全彻底，也注定了那种有限度的造反也只能是一次不成功的尝试。

不过即便如此，《水浒传》由此展开的伦理思辨仍然具有铤而走险的味道。因为它毕竟触到了儒教的哲学根基，无情地暴露了封建伦理意识和政治生活中无可疗治的矛盾。纵观通篇文字，沉重的悲剧意味是一股撼动人心的力量，这在中国古典作品中并不多见，因为跟儒教的"温柔敦厚""哀而不伤"的美学原则背道而驰。

概而言之,《水浒传》一书以儒教伦理为其主题思维的逻辑起点,最终又归结于对儒教伦理自身的批判。这种反躬自省的思辨精神反映了哲学的困惑,并带有某种感情价值,故而不同于儒家先哲的布道。孔老夫子对赵盾、董狐各有迁就,施耐庵们却一屁股坐到梁山泊一边,显示出某种倾向性和进步性。但是,由于这里以"批判的武器"替代了"武器的批判",终而未能摆脱旧思想的轨道。这也是时代的局限,不足为训。

一切围绕《水浒传》主题思维提出的问题大致可以归结于上。

七

用艺术的观点来看,《水浒传》在素材处理上同样说明伦理思维如何决定着主题的内在矛盾关系。

譬如"花石纲"就是一个关目。史称"花石纲"结怨于天下,北宋末年此类赋税科役正是汇集当日社会矛盾的背景题材之一,本身即已提供了表现阶级矛盾和扩大冲突契机的无限丰富的可能性。然而,《水浒传》的着眼点却很特别,书中涉及"花石纲"的人和事仅见三处,且例示如兹:

一、杨志押运"花石纲",不期黄河翻船,倒了大霉。

二、孟康耽误了"花石纲"用船,跟人动刀子,无奈出走江湖。

三、方腊起事盖因东南水深火热,也必然跟"花石纲"之横征暴敛有关。

不消说,方腊与"花石纲"的关系毕竟远了一层,更因为这是一个被否定的形象,本身包含的批判力量也便有限。上述三项比较起来,有意义的是前二者。而孟康在书中只是一个不起眼的角色,实在显不出来,于是悲剧的使命还是让杨志担去了。在施耐庵们眼里,百姓与官府的矛盾并非首当其冲的问题,最要紧的是统治阶级内部的摆不平。所以,作品将笔墨花在一名负责"花石纲"漕运的军官身上,自有其深意。这位倒霉的殿司制使,由于失陷了"花石纲",更由于殿帅府的官僚不能体恤下职,终于演出了金圣叹所说的"英雄失路"的一幕!

杨志的悲剧实乃封建伦理精神的衰亡。

在《水浒传》中,杨志不但是若干回目的穿线人物,他的命运更有某种代表性。李卓吾《容与堂本回评》[①] 中这样说:"杨志是国家有用人,只为高俅不能用他,以致为

---

① 李贽《容与堂本回评》,疑伪托,一说系叶昼手笔,姑存之。

宋公明用了，可见小人忌贤嫉能，遗祸国家不小。"一句话抓住了问题的实质。看起来是一个用人问题，实质上作品深刻揭示了开始走下坡路的封建地主阶级的萎靡状态。秦皇汉武、唐宗宋祖的时代过去了，开疆拓土，建功立业的精神、气质都不见了，剩下来便是钩心斗角，尔虞我诈。对此，封建时代的志士仁人是要大发一番慨叹的。以《水浒传》的观点来看，"花石纲"之祸，归根结底祸于朝廷，因为它和其他所有倒行逆施的政策一样损害了封建统治阶级内部的相互关系。其实，宋江何尝不是一样，只为朝廷不能用他，这才悻悻地上山落草；也只为不能堂而皇之地替天子行事，且自立门户，变着法儿"替天行道"来着。书中明白交代，宋江自十八回出场到四十一回上山，实在是颇费一番踌躇的。

今人评价《水浒传》，对宋江的人生彷徨多持哂薄态度，也往往在"只反贪官，不反皇帝"的问题上偏于苛责，甚或进而推究其"革命性"何以不够坚定。其实，这些看法跟作品本身的旨趣相去甚远。宋江的性格诚然并不十分可爱，招安的结局也颇令人失望，但是要真正对作品的审美理想做出判断，还须回到作品的基本命意上来。这是第一性的。前人说《水浒传》，或与《春秋》《史记》相论，或与《庄》《骚》排比，犹似不伦，实乃强调个中伦理价值与情感因素。倘真正读懂《水浒传》，应当理解

"替天行道"的春秋笔法，古人所谓"身在江湖，心存魏阙"，自有其难言的隐衷。

<h2 style="text-align:center">八</h2>

需要讨论的是，文学作品的历史内容及其社会意义是否只能用阶级斗争的观点加以认识？换言之，其思想深度是否必然包含在社会的基本矛盾之中？

这个问题不会没有争议。我看争一争也好。

建国以来，《水浒传》研究有很大成就，也走过不少弯路。就教训而言，重要的一条即忽略了从伦理关系上把握作品的内涵，它的历史氛围和美学风貌。

强调这个环节，并非否定马克思主义文艺理论和历史唯物主义观点在学术研究中的主导地位，也绝不是低估它们作为基本方法论的作用和意义，相反，而是为着正确地运用这些科学概念和方法。通常，在谈论某一具体问题时，谁都会说：应当把它摆到一定历史条件下加以考察。也许说的跟做的难免有所出入，但根本的毛病还是出在有些人并没有真正搞清笼罩着审美关系的"历史条件"究竟为何物。所谓"历史条件"，往往被理解为生产力与生产关系，经济基础与上层建筑，阶级、国家与革命，等等。结果，到头来还是以历史唯物主义的一般概念和定义取代了具体的复杂的"历史条件"。

实践证明,历史唯物主义的概念、术语和它的一般理论过程有一定的表述范围和程度。而且,它的理论范畴是在对社会一般发展规律的思辨中确立的,显然不同于文学家的艺术思考。所以在具体作品研究中,历史唯物主义的科学观点只有通过对具体的"历史条件"的客观分析才能深入到问题的核心,才能真正把握对象。反之,如果直接以它的理论用语来说一部古典小说的艺术形象及其内在的复杂关系,则不免圆凿方枘,牵强附会,或导致贴标签的简单化倾向,作庸俗社会学的皮相之谈。

文学不是一种机械的反映物,决定其审美关系的"历史条件"不仅仅是某一断代史所表述的社会形态。根据马克思主义关于艺术生产与经济、政治发展之间的不平衡的学说,艺术的思辨显然有其相对的自主性。文学作为意识形态的一种变体,尽管最终决定于经济基础,但它首先受制于一般意识形态(进而言之,一般意识形态不仅是特定时期经济基础的反映,而且也包含着人类意识的历史积淀)。这就是说,在讨论一部作品时,观念的因素是需要首先考虑的"历史条件"。在这里,尤其不能忽略意识形态各部门之间的相互渗透。而在中国文化中,这种渗透是十分自觉的。

诚然,跟意识形态相比,经济基础和阶级关系的作用无疑是更重要的，作为"历史条件"，它们是根本的。但是问题在于，它们对文学发生影响，终究要通过一般意识形态（哲学、宗教、伦理、社会思潮等）的渠道。这就意味着我们经常遇到的那种情况的或然性：即决定一部作品的"历史条件"不等于它所描述的历史内容。尤其在古典作品中，历史生活往往只是一种远距离的模糊反映。如，被誉为开欧洲近代小说之先河的《十日谈》，是作为中世纪叛道者的资产阶级的心境写照，满含着人文主义的理想与热情，但它所描写的既不是资本的形成和积累过程，也不是布尔乔亚的革命事业。相反，它大量取材于中古行吟诗人的传说和《天方夜谭》等东方故事，与文艺复兴时代的生活相去甚远，而且在它的故事和人物身上几乎不能判识所谓阶级关系和社会形态的变革。然而，这部作品正是通过对宗教和中世纪伦理观念的批判，传达了人文主义崛起时代的社会氛围和人们的心理、意绪。这说明：（一）提供艺术思维的"历史条件"，首先是时代思潮和社会伦理—心理因素；（二）作为观念形态和文学意识，归根结底受制于包括经济形态与阶级关系在内的社会存在。不妨再补充一句，任何时代的情理结构，既是现实的，又是历史的（历史的积淀）。《十日谈》的例子同样说明，所谓"历史条件"，一般都具有历史的延展性，一方面，它与不同的历史内容相联系；另一方面，传统观念体现为一个历史过程。

　　《水浒传》跟《十日谈》有一个不同之处，它不像后者那样产生于社会伦理观念大转变的历史时期。它确乎没有抛弃以往时代的伦理观念，而是在旧有的范畴中进行痛苦的思辨。这就规定了：体现于主题思维过程中的伦理冲突无论在方向性上或是实践性上都无以概括北宋末年的阶级斗争。然而这并不意味着《水浒传》认识价值上的欠缺。不能否认，《水浒传》一书从统治集团内部对封建权力政治做出了全面的反省。试想，封建政治与之以维系的正统观念被刻画得处处相悖，还有什么比这更为深刻的呢？

　　是的，对于文学的思辨需要用文学的方法与目的去解释。伦理认识这一环节之所以不可或缺，还因为：艺术形象的矛盾运动，第一步只能抽象为与作品主观情致相吻合的哲学观念。对《水浒传》这样的作品来说，只有首先抓住它的伦理关系才可能把形象的意蕴转换为概念系统，并使二者啮合。进而言之，只有在这个基础上才可能迈出研究工作的第二步：对这种伦理思想进行科学分析，真正站在历史唯物主义的高度来认识和评价它。

九

　　也许，《水浒传》的伦理基础不唯儒教一端，前人早已指出它"泛滥百家，贯串三教"①的特点。从小说人物安排上看，即是释道两全，不但唤出五台山智真长老和九宫县二仙山罗真人一班高僧显道，更有九天玄女客串登场。梁山一边，四把手公孙胜是职业道人，等而下之有朱武、樊瑞诸辈。戴宗大概也算一个。吴用未正式入道，也好道家风度。佛门子弟有鲁智深、武松二位，虽均半路出家，六根不断，大碗酒大块肉的吃喝，却好歹也算菩提种子，末了都皈依了佛祖。

鲁智深坐化六和，圆寂升天，是否象征着梁山事业的寂灭呢？联系征方腊以后的整个惨况，不能说没有这种喻意。梁山一百八人，三十六天罡，七十二地煞，原乃星宿之数，"只为奸邪屈有才，天教恶曜下凡来"。天上地下，互为彼岸，亦是主体与客体、理想与现实的联系，冥冥之中透出一层虚融淡泊的神秘色彩。天书、偈语、梦境、幻觉，以及其他种种唤神弄鬼的名堂，既是某种暗示，某种潜台词，又隐括了宗教思辨的逻辑形式。确乎"心融物外，道契玄微"，一派佛老气息。

对于《水浒传》的唤神弄鬼，批评家们多以为艺术之败笔，不屑置说。其实岂能作一概而论。作品将尘世与上界为对应，隐含着入世与出世的矛盾：从开篇"洪太尉误

---

① 引自中华书局《水浒资料汇编》，怀林论《水浒传》文字。

走妖魔"到结穴"宋公明神聚蓼儿洼",全书首尾这般安排分明体现着主题思维的结构关系,深刻反映了对现实无可奈何而又力求解脱的宗教思辨轨迹。这并非所谓"戏不够,神来凑"。个中情形,诚如前人所言,"虽然名教攸关,谁敢逾越前后,曰妖曰魔,作者之微意见矣"。①《水浒传》的这种结构意识在中国古典小说中是颇有代表性的,也直接影响着后来的《红楼梦》。

除了整体结构的需要,鬼神的出现也往往是制造氛围的一种手段。莎士比亚《哈姆雷特》一剧中的鬼魂出场,历来为论者所称道,诚乃艺术的光辉之笔。与此相仿,《水浒传》的鬼神自有其艺术的使命。当然,它们出现太多、太滥,也是一弊。尤其贯串"征四寇"的神仙斗法,大有喧宾夺主之势。

《水浒传》的宗教意味大有可究。过去不是没有人注意到这一点,而论者多与"农民起义"加以联系,谓之"农民的乌托邦思想",云云。②诚然,历史上农民起义借用宗教进行舆论宣传的屡见不鲜,但此话不能倒过来说,因为宗教思想并不意味着革命意识。这里若不是先入为主地带

---

① 采虹桥上客:《后水浒序》。
② 胡邦炜《〈水浒〉宣传的是农民社会主义乌托邦思想》,《水浒争鸣》第一辑。

着某种偏见看问题，只消把作品前后部分对照一下，不难解悟此中的禅思玄机。

《水浒传》后半部分主题的变调是一眼就能看出来的，前半部分（即"征四寇"之前）对梁山好汉的抗争做了全面肯定，故事进程中显示一种入世进取的积极态度，后边就开始变了。招安之后，情况渐然不妙，陈桥驿斩军校已呈危机跌宕之势，尽管此后仍有几回辉煌的战绩。但梁山的事业实际上到此结束了。接下来，公孙胜欲告身归山，李俊顿起飘逝之念；宋江心绪不定，这当口智真长老、罗真人又相继现身，有接二连三出现的隐士、逸民（如许贯忠、肖嘉穗、费保诸辈）……于是，一股消极出世的氛围渐而袭然纸上，导出最后那个凄凄惨惨的结局。

不少论者从这里总结所谓梁山泊失败的"教训"，把一派凄惶景况归咎于宋江的"投降主义路线"，或曰"农民革命的不彻底性"，进而对作品后半截的思想倾向提出了疑问。且不论这些说法是否符合主题的真义，如此解释其中的变因，首先是混淆了叙述的主体与客体的关系。宋江"投降"也好，"不彻底"也好，无非是叙述的对象和内容，不等于主体的自我否定。当然，《水浒传》的主题思维有其先天的不彻底性，亦是主体内在的矛盾，但那是另一问题，扯不到"革命"彻底与否。其实，宋江的形象前后并未颠倒过来，这本来就是一个犹豫的性格。这种犹豫的心态也说明了儒教伦理态度的暧昧。作品写宋江受了招安，无疑将此作为唯一的道路，但这条路又未必行得通。《水浒传》的作者当然意识到问题的严峻，所以，一方面如此肯定宋江们的愿望，一方面却又无情地描述了这种愿望的破灭。对于宋江们来说，这是人生选择的困难；对于施耐庵们来说，不但面临着"入世"与"出世"的审美困惑，更须考虑所谓"发乎情"与"止乎礼义"之间的分寸。这里的一切矛盾，决定了作品前后两部分叙述态度的变化，而这种变化与其说人物立场发生转折，或是性格的分裂，不如归结于作品伦理思维的二重性。实际上矛盾一开始就埋伏在那儿，随着故事发展一步步暴露出儒教伦理的不彻底性。既然纲常名教不解决问题，和尚道士便大有可为。到此地步，宋江们的命运只好让虚无、幻灭的宗教意识加以解释。"忠心者少，义气者稀"，罗真人这两句法语虽未能揭橥梁山悲剧的真实根源，倒是一番真诚的感叹，出家人也为人世的悲忧洒一掬同情之泪。

梁启超说过："中国文学大率有厌世思想。"[①] 这话不错。《水浒传》如此，《三国演义》《红楼梦》亦然。事实

---

① 梁启超：《论桃花扇》。

上，佛老思想经常是儒教的补充。神仙养生，儒术济世，是谓进退之路。封建中国的知识分子读了书便要应酬天下，然而又往往是报国无门。这就每每引出"人生南北多歧路"的喟叹。倒是那位浪子燕青，不读书，却能看破红尘，打完方腊归来他便遁迹江湖，不知所终。难怪李卓吾感慨不迭："意者其犹龙乎，意者其犹龙乎！"①

十

一句话，倘若非要弄个明白，《水浒传》是为谁者"写心"，那么，不妨说是为施耐庵们自己"写心"。

一九八二年春至一九八五年夏杭州七佛寺
原刊《文学评论》一九八六年第三期

---

① 李贽：《容与堂本回评》。